LA DERNIÈRE VICTOIRE POSSIBLE

DU MÊME AUTEUR

Quand l'arbre tombe, Grasset, collection Le Courage, 2022.

La Femme-écrevisse, Grasset, collection Le Courage, 2020.

Hadamar, Grasset, collection Le Courage, 2017, prix de La Closerie des Lilas.

L'Audience, Albin Michel, 2014.

Mourir est un art, comme tout le reste, Albin Michel, 2013.

ORIANE JEANCOURT GALIGNANI

LA DERNIÈRE VICTOIRE POSSIBLE

roman

le courage

BERNARD GRASSET
PARIS

le courage

Collection dirigée par Charles Dantzig

Photo de la bande : Jens Schott Knudsen © Gettyimages.

ISBN 978-2-246-84071-8

Beauté, la dernière victoire possible de l'homme qui n'a plus d'espoir.

Milan Kundera, *L'Art du roman*

À Gregory von Alten, à l'artiste qu'il était,
à celui qu'il aurait pu être.

PREMIÈRE PARTIE

New York, 12 janvier 2002

Deux poids lourds se croisent sur Canal Street et se saluent en rugissant de leurs ferrailles. Il est quatre heures du matin. Les camions emportent les ruines. Je n'ai rien vu d'autre à ma fenêtre que des bennes pleines de gravats. Ils déblaient la nuit, semant la poussière et les cendres sur les trottoirs. À l'aube, les New-Yorkais découvriront leur ville un peu plus vide, un peu plus embrumée. La vie normale reprend le dessus, annonce la télévision. Je ne sais pas ce qu'est la vie normale. Celle qui émerge dans ces rues ne peut pas prétendre à la banalité. La nuit est aussi bruyante que le jour. Jetée dans ces avenues rectilignes, une foule disparaît sous la poussière, l'ombre de la police, la panique. Certains avancent, les yeux levés au ciel.

Je n'ai rien à voir avec leur drame : Nathalie Bouvreuil, petite boule jetée dans le mauvais jeu de quilles, Nathalie Bouvreuil, venue dans cette ville dont elle ne sait rien, pour une histoire dont elle voudrait ne rien savoir, ne sachant qu'une chose, qu'elle foutra le camp dès que possible. Je n'ai rien à partager avec les gens d'ici. J'arrive d'un pays de châteaux et de pluie sur lequel aucun avion ne s'est encore projeté. Un pays de façades lisses et de nuages bas dont la violence court au ras du sol. Un pays qui s'est payé autrefois une grandeur, mais qui n'a jamais cru à la providence. Pas d'élan vers les sommets, pas de géante couronnée dans l'océan qui défie l'homme plein d'espoir. Je viens d'un pays de cieux brouillés, de fraternité aux joues fraîches, de rapaces de couloirs. Leurs ruines me sont vastes, leur drame, spectaculaire. Je viens d'un pays où l'on transige et murmure, où les catastrophes résonnent en cris sourds, où les deuils sont sans effusion, et souvent sans gloire. Qu'est-ce que je fais ici ? Un coup de feu, un homme, me voilà passée de l'autre côté de l'Atlantique. Un coup de feu, un homme. Rien de plus, rien de moins.

New York, 12 janvier 2002

Une heure est passée. Sur le mur face à moi, les lumières des camions zèbrent la peinture écaillée. Même danse des phares qui se reflétaient sur les murs de ma chambre d'enfance. 254, rue de Rivoli. Les nuits d'août à Paris. Le grondement des moteurs sous mes fenêtres. Porsche, Ferrari, Lamborghini, à deux, trois heures du matin, se donnaient rendez-vous à la Concorde. De mon hublot sous les arcades, j'apercevais leurs phares au loin, elles montaient à deux, trois cents kilomètres à l'heure, s'éparpillaient sous les mascarons du Louvre, disparaissaient à la tour Saint-Jacques. Puis elles revenaient, et la course reprenait. Des engins pilotés par des princes, britanniques, iraniens, italiens, argentins, enfin c'est comme ça que je me les imaginais, petite fille penchée à mon hublot. Chaque nuit d'août ou presque. Je finissais par croire qu'ils passaient pour abolir l'étouffant ennui de mon été parisien. Parce qu'ils savaient que je demeurais là, quand les autres enfants étaient à la mer. Parce qu'ils savaient que je ne dormais pas, qu'il faisait si chaud dans ma chambre enfouie sous la pierre. Pour moi, ils glissaient sur l'asphalte fondu en Argonautes froissant les ombres de la ville. J'espérais que l'un d'eux m'invite à m'asseoir à ses côtés, dans sa carlingue, pour sentir la vitesse entre mes jambes. Mais à l'heure où les premiers pigeons roucoulaient sous les arcades, les sirènes retentissaient de l'autre côté de la Seine et les bolides disparaissaient par la rue Saint-Florentin. Je retournais dans l'appartement, m'asseyais dans le couloir et, adossée à la porte de la chambre de mes parents, finissais par m'endormir.

Me coller un oreiller sur la tête pour ne plus entendre les camions sur Canal Street. Éteindre cette cigarette. Laisser passer la nuit.

AUTOPORTRAIT 1 – De longs cheveux épais, une face sans sourire, un haut front, des lèvres striées de légères entailles. Les yeux fixent l'appareil. De hautes pupilles aigue-marine tachent la face et rehaussent l'apparence pouponne de la jeune fille qui persiste dans la femme. Elle garde un air concentré. Crispé. Oui, sacrément crispé.

New York, 12 janvier 2002

J'ai rendez-vous avec la police dans trois heures. Mon cerveau macère dans un bouillon tiède. Je devrais peut-être forcer les larmes.

Arnaud Bouvreuil. Pas Arno Glück. Lorsque la policière a appelé, elle m'a dit « *Are you Arnaud Bouvreuil's daughter ?* ». Ils ne mentionnèrent pas le nom d'artiste de mon père.

New York, 12 janvier 2002

Wistariatown, dans l'État du New Jersey. Mon père n'avait jamais parlé de cet endroit. Il disait, je vis à New York. Pas à Wistariatown, à plus d'une heure de la ville. J'y suis allée en train. Une longue compression entre un couple d'Indiens, deux femmes noires en tailleur pantalon, et une classe récitant le nom des arbres à haute voix. Le couple est descendu à Wistariatown, rieur. Peut-être était-elle enceinte. Je me suis retenue de me planquer dans leur ombre. À la sortie de la gare, j'ai découvert une petite place ronde, une église, quelques acacias aux branches filasses, et un taxi. Le commissariat se situait à la sortie de la ville. Le taxi m'a pris trente dollars pour six kilomètres. Nous avons traversé une forêt d'érables jusqu'à un parking presque vide. Autour de nous, s'étendait une friche parsemée de bungalows Algeco, un supermarché discount et un atelier de mécanique. Le vent plaquait mes cheveux sur mes lèvres. Début de film d'horreur : la jeune Française s'égare dans le New Jersey, le chauffeur la dépose dans une prairie où elle devra répondre aux désirs de sadiques en tenue de gardes forestiers et aux masques de George W. Bush… Le commissariat en lui-même était une baraque vite faite, mal faite. J'ai dû me présenter à deux interphones, avant d'être accueillie par des hommes armés. J'avais noté ce que je devais dire sur une feuille pliée dans mon jean : *I'm Nathalie Bouvreuil, you asked me to testify as a witness*. Mais dans le sas de contrôle, alors que je déposais mes clés sur le tapis roulant, m'est venue la certitude d'être séparée des policiers et du doberman assis dans le coin par un ridicule malentendu. Mon père aurait dit, *tout cela me semble assez grotesque, ma loulette*.

Ils m'ont indiqué une salle d'attente surchauffée, occupée par une vieille dame en chaussons qui ne me salua pas à mon entrée.

Je me tenais au bord de la chaise en fixant l'étroite fenêtre qui donnait sur la friche arrière, des chardons s'y balançaient. J'entendais la télévision dans la salle d'à côté : un général évoquait une guerre à venir dans un pays que je ne saurais pas situer sur la carte du monde. Je ne pensais pas à mon père.

Je pensais à Paris, je pensais à ceux qui m'attendaient, je pensais à ma chienne et à sa truffe tiède, je pensais à mon métier que j'avais suspendu, aux photos que je ne ferais pas, aux amis que je ne verrais pas, à mes soirées et à mes nuits là-bas, je pensais à ma chambre, à mon lit, à la pluie qui remplit le Velux comme les larmes abondent sur une cornée. Mon père aurait trouvé mon état d'esprit médiocre. *Rien ne naît de l'apitoiement sur soi, ma loulette*. J'ai hoqueté de rire. Qui sera-t-il désormais pour me parler de grandeur ?

Lorsque j'ai ri, mon fauteuil a grincé de son plastique bleu.

Une jeune femme est entrée et m'a fait signe de la suivre, elle semblait à peine majeure, sa queue-de-cheval oscillait à rythme régulier. Elle m'a désigné une chaise face à un bureau : derrière nous, deux autres filles à queue-de-cheval tapaient sur leurs claviers. Au-dessus de l'une d'entre elles, une affiche de football américain était accrochée, chez l'autre, une chanteuse de pop ; impression d'un vestiaire de lycée, où l'on parle de sexe et fume des cigarettes. Elles ont brièvement levé les yeux sur moi, retenant mal leur curiosité : peut-être que l'acte de mon père les impressionnait. Ou peut-être n'avaient-elles jamais vu une Française. Je me suis assise sur une autre chaise de plastique bruyante, la fille s'est excusée de la lenteur de son ordinateur, je me suis excusée des limites de mon anglais, nous avons commencé.

Elle m'a demandé nom, date et lieu de naissance. J'ai répondu « 1977, 23 janvier, Nathalie Bouvreuil, Paris ». Elle a dit, « *I mean your father's birth* ». J'ai sursauté et me suis reprise, « *Bouvreuil, Arnaud, 24 octobre 1941, Paris* ». Puis elle m'a demandé si je l'avais vu récemment.

Si je l'avais eu au téléphone. Si j'avais remarqué quelque chose d'inhabituel. J'ai donné ces informations. Pas depuis six mois, oui, il y a quelques semaines, une brève discussion, non, rien de particulier. Puis elle m'a demandé s'il buvait. S'il prenait de la drogue. S'il avait l'habitude des armes à feu. S'il s'était déjà montré violent envers moi, ma mère, ou n'importe qui d'autre. S'il connaissait des épisodes mélancoliques. Des passages maniaques. S'il prenait des médicaments. Si j'étais au courant qu'il vivait avec une femme. Si je savais qu'il s'était installé ici, dans la maison de cette femme. Si j'avais remarqué quelque chose d'anormal chez mon père, ces derniers temps. S'il avait déjà évoqué la possibilité de mourir de manière violente. S'il était insatisfait de sa vie.

Plus elle parlait, plus je comprenais que je n'aurais pas à m'inquiéter de mon niveau d'anglais. Car il était facile de répondre « *no* » à toutes les questions qu'elle posait. Parfois même de simplement tourner la tête d'un côté à l'autre. *No, no, no*. Neuf ou dix fois de suite. Je ne connais pas l'homme que vous décrivez.

À un moment de l'interrogatoire, un policier plus vieux, qui portait un blouson à insigne, est entré dans la pièce et s'est assis à côté de la policière. Il nous a interrompues : « Vous vous rendez tout de même compte qu'il y a une femme à l'hôpital à cause de votre père ? » Il n'était pas brutal mais direct, plantant ses yeux bruns dans les miens, avec une intensité de chien-loup. Je n'ai pas compris. Il a répété, « Vous vous rendez compte que votre père a frappé une femme et lui a fracturé l'épaule ? ». Personne au téléphone, dans ma chambre parisienne, ne m'avait parlé d'une femme à l'hôpital. D'une épaule cassée. Personne ne m'avait dit, « Votre père s'est battu avec une femme jusqu'à l'envoyer à l'hôpital ». Si la voix inconnue avait prononcé ces mots-là, j'aurais immédiatement raccroché. L'image aurait été si saugrenue, si aberrante, de mon père frappant une femme, quelle que soit la femme, quel que soit le coup, que j'aurais immédiatement pensé à un canular. De mauvais goût. J'aurais alors réfléchi aux gens qui ne m'aiment pas, ce type que je n'ai jamais rappelé, cette actrice furieuse des photos parues dans un magazine féminin, ce journaliste que j'ai traité de minable, et je me serais dit : les gens sont drôlement rancuniers de nos jours.

Mais le policier américain n'avait aucune raison de me jouer une mauvaise farce. Il n'ébauchait d'ailleurs aucune forme de sourire, même en coin, même retenu, même gêné. Il guettait ma réponse, avec la tranquillité de ceux qui ne doutent pas des faits, et j'ai compris que mon père avait frappé une femme, jusqu'à lui casser l'épaule.

J'ai éprouvé une honte froide, éponge sale que l'on passerait de haut en bas sur mon visage. Je n'ai su que répondre : « *I don't understand what happened, I'm sorry.* »

Le policier-chef a soupiré, attendu que je signe ma déposition, et m'a raccompagnée à la salle d'attente. Il n'y avait plus personne. Il a refermé la porte derrière lui. Il n'était pas grand : moins d'un mètre soixante-dix. De ces petitesses de feu follet qui attirent la sympathie. Adossé contre le mur, il m'a raconté les événements qui avaient eu lieu cinq jours plus tôt, dans la maison à la sortie du village, où mon père, du moins l'homme qui portait son nom et son visage ce jour-là, avait attaqué une femme, provoqué sa fuite, puis s'était donné la mort, assis sur une chaise, pistolet pointé sur le cœur.

New York, 13 janvier 2002

En me relisant, je me rends compte que je n'ai pas demandé dans quelle position il a été retrouvé. Je suis sûre que les gens, je veux dire les enfants des morts, posent cette question à la police en premier lieu : dans quelle situation se trouvait son corps ? Nourrissant l'espoir qu'il ait pu mourir dans une position digne, voire élégante, c'est-à-dire sur le dos, ou peut-être, rêvent certains, debout.

Je crois avoir voulu éviter les détails. Ne pas entrer dans ce genre de dialogue avec les policiers. Ils doivent en voir chaque jour ou presque, des types au sol, morts. Ce doit être l'essentiel de leur boulot, entrer dans des maisons, demander où est le cadavre, le trouver sur le ventre, le dos, en fœtus, recroquevillé ou étendu, tombé ou posé, glissé ou vautré, acculé ou offert. Puis réquisitionner le ou les armes, avant d'appeler les proches qui n'y comprennent encore rien, parce qu'ils se tiennent hors de la sphère du corps tombé, parce qu'ils ignorent la tache étoilée sur la poitrine et la flaque, absurdement abondante, qui entoure le torse ou le crâne. Ils ne savent pas ce que creuse dans une existence la parenthèse ouverte par l'homme qui a pris un pistolet, un soir, à Wistariatown. Ils ignorent que l'on peut être chez soi, assise sur son lit, observant la pluie ruisseler sur un Velux, tout en apprenant que son père, en pays étranger, vient d'être retrouvé, allongé sur le sol, dans une position affreusement intime.

New York, 13 janvier 2002

L'aube s'est levée, je suis allée chercher un café en bas. Dormi deux heures. Le manège tourne, et je suis au centre, à laisser filer le paysage, sans en attraper le moindre détail.

Après notre conversation, le policier m'a emmenée sur *les lieux du crime*. La maison se situe au nord de la ville, à l'exact opposé du commissariat. Nous avons roulé sans un mot, traversé la forêt, rejoint le centre-ville, ses trois rues, ses immeubles à colombages, ses marchands ambulants de bagels, ses passants avançant tête penchée face au vent, puis nous sommes ressortis, empruntant l'autoroute, pénétrant une nouvelle forêt, plus basse et dorée que la première. Étions-nous en grande banlieue ou à la campagne ? Au loin résonnaient l'autoroute et le train. Nous avons tourné : au bout d'une courte allée, j'ai découvert un quadrilatère de pierres claires, isolé par une muraille de séquoias, des bosquets de peupliers cendrés, et une mare boueuse. Le policier m'a expliqué que la maison datait des années vingt. Une des plus anciennes du coin. Le policier gara sa voiture sur la pelouse, il avait la clé et me fit visiter les quelques pièces traversées de courants d'air, qui sentaient le cuir, le crin de cheval et la pierre glacée. Selles, brides, étriers, couvertures, rênes étaient suspendus à des clous, ou vaguement rangés sur des étagères. La propriétaire était autrefois éleveuse de chevaux, m'apprit le policier. Elle avait divorcé quelques années plus tôt, et, affaiblie par des dettes, elle avait dû vendre l'écurie, et s'installer ici, dans cette petite maison aux portes grinçantes et au toit troué qu'elle louait. Par la fenêtre se dressait un enclos, vide. « Son fils a repris son dernier cheval », m'expliqua-t-il en saisissant mon regard. Peut-être était-ce pour cela qu'elle s'était éprise de mon père, elle avait cru que le nouvel arrivant, l'étranger qui ne savait rien de son ancienne vie, lui permettrait de repartir dans l'existence d'un nouveau pied. Beau comme un conte des marécages. Mais c'était mal connaître Arnaud Bouvreuil qui, depuis toujours, ou du moins depuis que je le connaissais, vivait la moitié de son existence dans un monde de formes et d'idées, si peu contigu à l'autre, le monde à arpenter et tenir, des murs fissurés, des dettes, des carrelages ébréchés, et des femmes qui rêvent de seconde chance.

Depuis que j'étais entrée, je ne cessais pas d'éternuer : allergique aux poils de chevaux, je n'aurais pas tenu une journée ici. Mon père y avait-il pensé en s'installant ? S'était-il dit, *je ne pourrais jamais faire venir ici ma loulette* ? Mais non, puisqu'au téléphone, depuis huit ans, il me servait la même salade : ce fameux appartement à Manhattan, *downtown*, où il m'assurait vivre seul depuis son arrivée, *un trois pièces simple mais bien placé et un charme fou*. Mon père, heureux comme Dieu à New York.

Le policier m'a guidée jusqu'à la dernière pièce, l'atelier de mon père : pour tout meuble, un canapé et une planche de bois posée sur deux tréteaux de métal. Des livres étaient éparpillés au sol. J'ai reconnu ceux de Paris, la *Correspondance* de Michel-Ange dont il ne se séparait jamais, un livre d'architecture sur les villes européennes, un autre sur les coquillages, *Le Musée imaginaire* de Malraux, *La Fuite hors du temps* d'Hugo Ball, mêlés à des poches en anglais dont je déchiffrais mal les titres, si ce n'est *Howl* de Ginsberg dont il possédait six ou sept exemplaires, afin d'en avoir toujours un à portée de main pour l'annoter ou en lire un passage à haute voix, *I saw the best minds of my generation destroyed by madness, starving hysterical naked*. Au sol toujours, des feuilles de papier chinois, solide et transparent, parfois peint, parfois non, découpées ou intactes, des pinceaux et des fusains roulés dans les coins. Ici et là, des taches d'encre noire. Rien sur la table à dessin.

Je cherchais un tableau. Aucune trace de toile posée au mur. Pas même une ébauche de ses fameuses esquisses au crayon. Peut-être, oui, le signe d'un travail préparatoire, certaines feuilles étaient teintées de couleur, mais du passage à l'acte, l'entrée dans le grand format, je ne discernais aucun indice. Je demandai au policier si quelqu'un était venu prendre des affaires dans cette pièce depuis la mort de mon père. « Le fils de la victime est venu plusieurs fois dans la maison chercher des vêtements pour sa mère. » La gêne m'agrippa à ce mot de « victime ».

« Elle quittera demain l'hôpital pour rejoindre un centre de rééducation afin de retrouver l'usage de son épaule. » Je n'osais demander s'il était possible qu'elle n'y parvienne pas. Si mon père avait infligé à un être humain la diminution définitive du corps, donc de l'existence.

Il m'a demandé : « Remarquez-vous dans cette pièce un signe qui expliquerait ce qui a pu traverser la tête de votre père ce soir-là ? » Le 6 janvier 2002. Entre vingt-deux et vingt-trois heures.

J'aurais pu répondre : oui, le froid. Je ne voyais ni radiateur ni cheminée dans la pièce. Or mon père frissonne du matin au soir, porte des pulls les jours de canicule, s'enrhume au mois d'août et le demeure jusqu'au printemps suivant.

Je ne vois pas comment il aurait pu tenir dans une pièce non chauffée. Le souvenir de mon père, nez rouge, éternuant comme une baleine, me fit esquisser un sourire. Vite repris : le policier et ses pupilles noires ne me lâchaient pas, guettant une explication, *un mobile*. Personne ne prend un pistolet parce qu'il a froid. Je n'en sais rien. Peut-être que j'aurais dû lui en parler. Peut-être que j'aurais fait *avancer l'enquête*, en lui précisant que mon père était frileux. J'essayais de me concentrer pour comprendre ce qui avait eu lieu dans la pièce : « Le pistolet était accroché au mur de l'atelier ? Non, pas du tout. » Moi, qui n'avais jamais tenu de pistolet entre mes mains, l'avais imaginé trônant au milieu de l'atelier, suspendu au mur, prêt à servir, comme un vieux fusil dans une pièce russe. Je déversais mon outre de clichés sur le carrelage de cette maison qui puait l'écurie.

J'ai cherché à expliquer au policier que mon père était un homme d'ordre et que cet endroit ne lui ressemblait pas. J'ai passé mon enfance à veiller à ne pas déranger ses pinceaux, ses brosses, ses fusains, ses blocs, ses toiles, ses plumes, ses feuilles, ses couleurs, ses acides, ses encres. Il prenait un soin démesuré de ses objets de peinture. Cet atelier témoignait d'un abandon, d'une désaffection de soi que je ne comprenais pas. J'appris que c'était ici qu'il s'était donné la mort. Au milieu de la pièce, assis sur une chaise, face à la fenêtre. Pourquoi n'était-il pas sorti, pourquoi ne s'était-il pas caché dans les bois ? Il avait voulu rester dans cette maison ; ne pas mourir comme une bête dans la forêt. Laisser son corps en témoignage. De je ne sais quelle lutte, c'est ainsi qu'il pouvait dire à propos de son art, *je mène un combat difficile à soupçonner*. Il voulait qu'on le voie. Enfin, c'est ce que j'ai pensé face à ce lieu nettoyé, à ces dalles brunes qui ne racontaient rien de la nuit du 6 janvier : mon père aurait eu peur sinon que personne ne le retrouve. Il avait réfléchi à son image finale. Pour qui ? Je ne sais pas. Après leur dispute, la femme était partie pour la nuit, personne n'était à la maison lorsqu'il a tiré. A-t-il pensé au jeune livreur qui allait frapper le lendemain, découvrir la porte ouverte, et le trouver mort ? Non, il ne pouvait savoir le choc qu'allait vivre le garçon de vingt ans venu déposer un livre en français commandé par mon père deux jours plus tôt : la vision d'un homme mort par balle ne se dilue sans doute jamais dans la mémoire. Était-ce le dernier « grand format » de mon père, le cadavre de l'artiste livré à l'obscurité, formes et couleurs qui s'effacent les unes les autres ? Je ne peux croire qu'il ait été si méchamment stupide. Orgueilleux. Tout ça pour un tableau effacé par la Javel, dont l'odeur éteignait dans cette pièce tout souvenir de peinture. Mais par qui avait-elle été lavée ? Par la police ? « Par le fils de la victime », m'a répondu le policier. Nouvelle gêne. J'aurais dû être celle qui nettoie. Et non la fille lointaine, qui vagabonde pendant ce temps-là sur son vélo, rue Vieille-du-Temple, boulevard Magenta, place de la République, cette fille qui, le 6, et même le 7 janvier au matin, roule libre, légère. Alors que la balle a été tirée depuis plusieurs heures dans cet atelier. Alors que le fils de la victime nettoie à la serpillière le chaos provoqué par mon père. Et je demeure dans le temps gris et rare de l'innocence.

Mais quoi ? Comment aurais-je pu deviner ? Mon père ne m'a pas demandé la permission. Je ne pense pas à lui alors que je viens de rentrer ce

7 janvier au soir, je suis épuisée par une journée de travail et m'assieds sur mon lit pour écouter la pluie, m'imaginant dans un sous-marin affrontant l'obscurité des tréfonds, lorsque la police américaine m'appelle : « *Are you Arnaud Bouvreuil's daughter ?* » Je crois à une arnaque, oui, pour me soutirer de l'argent, je ne réponds rien. Ils poursuivent, *I'm sorry to inform you that your father just died*, même là je soupçonne un piège, et puis, de mot en mot, je saisis que non, il n'y a aucune farce et attrape, seulement une situation délicate créée par mon père, une dernière fois. Il n'a pas pensé à moi. Je ne le crois pas. Il ne pouvait pas savoir que je devrais venir jusqu'ici. Seule. En unique famille proche. Que je visiterais cette maison où il a décidé de mourir. Que je serais celle à qui l'on pose des questions.

Dans la chambre qu'il partageait avec la femme, deux étagères étaient réservées à ses vêtements : quelques pantalons, trois pulls en laine, l'un, chiné, datait de l'époque de la rue de Rivoli, un lourd gilet de laine marine, une unique chemise, et une dizaine de tee-shirts.

Trousseau réduit au minimum. Lui qui à Paris n'avait jamais renoncé à l'élégance semble ici s'être dépouillé. Aucune trace de ses vestes colorées en lin, tweed ou velours. Aucune de ces tenues qu'il réservait aux soirées et vernissages : chemises à rayures, pantalons coupés haut sur la cheville. Rien que quelques vieux jeans, usés jusqu'à la corde, tenus sur son ventre par des ceintures craquelées. Rangée parmi ses vêtements, une boîte de métal noire. J'y trouvai des photos : notre appartement, moi en robe à smocks debout, l'air étonné, tenant la main de ma mère, dans le salon de Rivoli. Ma mère me portant dans ses bras, bébé énorme, nos visages collés l'un à l'autre, en gros plan. Des photos aux Tuileries, au parc de Saint-Cloud. Une sur une plage, l'un des rares étés où nous sommes partis en vacances. À Noirmoutier. Mon père est en maillot de bain, me porte sur ses épaules, Ray-Ban à verres bleus sur le nez, chemise ouverte, un livre à ses pieds. Dandy par la peau lisse, la mèche brune, et les yeux noirs. Un sourire faussement désinvolte. Je connais ces photos, elles occupaient un tiroir de Rivoli dans lequel nous rangions les souvenirs de notre petit cercle : chacun tenait l'appareil à tour de rôle, les deux autres s'épuisaient à poser. Nous semblions tous trois pris en flagrant délit d'existence : un peu surpris, un peu gênés d'un bonheur qui n'était pas nommé. Dans la même boîte, une pile de lettres entourée d'un élastique, enveloppes jaunies, adresse écrite à l'encre noire. Destinées à Jean-Luc Lagrange, Paris, dans le IXe arrondissement. Le plus vieil ami de mon père. Je déchiffrai l'écriture de mon père derrière l'enveloppe : elles dataient de 1971, avaient été envoyées de New York. Une dizaine de lettres de l'ami en voyage à l'ami resté à Paris. Mon père les avait récupérées, pourquoi ? Je savais qu'ils s'étaient disputés il y a quelques années, avant que mon père ne quitte Paris pour vivre ici ; Jean-Luc lui avait asséné que ça n'avait pas de sens de partir, *à plus de cinquante ans et sur un coup de tête*. Mon père m'avait raconté cette dispute avec un détachement que je ne comprenais pas, Jean-Luc était l'un de ses meilleurs amis, le plus ancien. Il n'avait pas été ébranlé par les mots de son ami, comme si, à cette époque, il était résolu à n'écouter personne ; seule primait cette voix intérieure longtemps tenue en sourdine, qui lui intimait l'ordre de venir ici, dans ce pays où il n'avait aucune attache, aucun projet ni, je le croyais jusqu'à ces lettres, aucune histoire. Or, mon père était venu à New York une première fois en 1971. Il avait trente ans.

J'ai pris la boîte en métal et demandé au policier s'il pouvait me ramener à la gare.

Il a répondu : « Oui, mais il va falloir que vous restiez dans les environs, et joignable quelques semaines, le temps de l'enquête. »

Me voici donc coincée pour un temps indéterminé dans ce studio loué à la semaine. Sous ma fenêtre, la valse des trucks se poursuit. Je me replie entre leurs jantes, et roule, roule, sur leur chemin nocturne.

Lettre d'Arno Glück, New York, septembre 1971

Il est des choix Jean-Luc qui peuvent sans doute n'être jugés que par des hommes de cent ans. J'aimerais que tu me lises comme si tu savais le prix d'une existence, les heures qui nous permettent d'accomplir l'inimaginable, et les autres, les innombrables, qui nous maintiennent parmi les impuissants.

Hier matin, je me suis levé, j'ai pris mon café puis quitté mon appartement, une valise à la main. J'ai laissé derrière moi Catherine endormie, la rue Saint-Honoré était rose et éclatante au lointain, j'entendais sa promesse. Je veux être précis dans ma dérive : dans le ciel d'Honoré, il ne s'agissait pas d'espoir mais de devoir. De rejoindre le juste bord de ma vie. D'échapper, comme dirait le Howl *de Ginsberg, à la destruction à laquelle est vouée ma génération. Rejoindre les rues aveugles : «* incomparable blind streets of shuddering cloud and lightning in the mind *».*

J'ai entendu des pas derrière moi : mon père avait guetté mon départ et, dès qu'il avait entendu l'ascenseur, s'était lancé à ma suite. Il avait sans doute perçu notre violente dispute avec Catherine la veille, et nos cris, les meubles jetés à terre, ses supplications, mes menaces, mes supplications, ses menaces, mon épuisement face à notre incompréhension constante, cette vie, sous l'appartement de mes parents qui refusent de savoir ce que nous traversons, ce qu'endurerait l'enfant qu'elle porterait un jour si je restais, du désamour auquel il assisterait et qui le rendrait mesquin et cruel, comme je deviendrais amoindri et amer, car personne n'échappera à l'échec si je ne pars pas. Dans la rue, mon père criait mon nom, j'accélérais. Je n'allais pas assez vite, je l'ai entendu haleter et me supplier : « Arnaud, demeure auprès de ta famille, je sais que c'est difficile, mais je te demande d'être un saint. » Je ne me suis pas retourné, j'étais subitement ravi. Tu comprends, Jean-Luc, non ? Une peau tombait de mes épaules ; je savais que j'avais échoué dans la sainteté. Du moins dans celle que ma famille me destinait. Je devrais désormais forger ma vie sur cet échec. Je suis descendu dans le métro, mon père ne m'a pas suivi. Arrivé à New York, je me suis rendu au 6 Pleasant Avenue, adresse que m'avait donnée un copain d'un copain, chez un type qui s'appelait John. J'avais fait douze heures de voyage, m'étais perdu dans le métro (tu sentirais l'odeur de ces souterrains, tu verrais les traces de sang et de merde sur les murs… et dans ces voitures, je croyais apercevoir les esprits lumineux qui me guettaient en rigolant de ma folie). John m'a ouvert, torse nu, entouré de deux filles. L'une des deux est française, s'appelle Mathilde, elle a un visage de souris michel-angienne et, comme moi, elle ne se souvient plus de l'endroit d'où elle vient. Nous avons passé tous les quatre la nuit ensemble.

New York, 14 janvier 2002

Mon père m'a très peu parlé de l'immeuble du 342 de la rue Saint-Honoré où il habitait avec sa famille jusqu'à trente ans. Je savais seulement que ses frères et sœur y vivaient toujours, à quelques centaines de mètres de notre entresol de la rue de Rivoli. Nous ne leur rendions jamais visite, pour une raison que mon père ne jugeait pas nécessaire de raconter. Je n'ai jamais contesté ce silence, qu'il interrompait seulement par des images de son enfance glissées comme par accident dans notre quotidien : baignades dans la Seine en 1945, aubes de messe dans la nuit, une grand-mère entourée de deux dogues qui le terrorisaient, et la figure chétive de son père, récitant Shakespeare ou Milton, peut-être était-ce Yeats, en conduisant son fils en pension. Je n'en demandais pas plus. Mon père était issu d'une gélatine tremblante que l'on nommait le passé, et qui, inscrite dans un xxe siècle finissant, ne me paraissait pas avoir grand intérêt.

Mais en lisant ses lettres, j'ai le sentiment qu'il émerge de bien plus loin ; d'une tribu recluse dans un immeuble Ancien Régime, comme d'autres au fin fond de l'Amazonie. Un clan où se perpétuent des rites ancestraux que plus personne ne serait capable d'expliquer ou de justifier. L'unique mouvement de mon père est de s'en extraire pour dériver vers sa nouvelle existence. Celle-là même qui fonce droit sur moi, ici dans mon studio new-yorkais. Je ne sais pas si c'est le manque de sommeil, mais les figures de cette lettre tournent autour de mon lit, tapent sur ma tête comme pour me transformer en poupée jivaro.

Et pourtant, parmi eux, se tient bien Arnaud Bouvreuil. Mon père.

Le peintre en pantalon de velours, le rire grave et long, les soirées et les films à la maison, la vie sous les arcades de Rivoli, les vernissages sur la colline de Gambetta, les danses de mes parents à l'heure du premier verre.

À la fin de chaque lettre, le jeune homme signe : *Arno Glück, 6, Pleasant Avenue, Manhattan.* Il arrive dans ce pays, il réinvente son prénom et adopte Glück : la chance, la joie, en allemand. Ce nom d'artiste que l'on retrouve au bas de chacun de ses tableaux : *Glück*, tracé à l'encre noire. Ce qui avait fait dire à un critique de magazine qu'Arno Glück *mise bien plus sur son art que sur sa chance, heureusement pour nous !*

Mais Arnaud Bouvreuil, que devient-il ? Une peau morte jetée dans une poubelle rue Saint-Honoré. Le fils devait finir son doctorat de droit, reprendre l'entreprise de son père, élever cinq enfants au service du patrimoine commun. Il démissionne de son destin, quitte l'immeuble familial, part pour New York, avec un carton à dessin. Il abolit la fausse intelligence du droit, le baragouinage des petits-maîtres, et choisit l'art, son incertitude. C'est simple, si simple. Tout comme de laisser la première épouse derrière lui, dans le pays de châteaux et de pluie. Il part sans argent ? Il en a un peu, on en a toujours un peu dans le milieu d'où il vient. Il ne peut pas demander plus à ses parents. Il est devenu le renégat. Le minable. Le pauvre type. Il s'en fiche, il lit les écrivains américains, Ginsberg, Miller, Philip Roth, Rimbaud, Sartre, il lit tout, il se croit libre. Il croit en lui, il ne croit qu'en lui.

Il est bien le seul.

Avec le policier, salle d'attente de Wistariatown

— Vous faites quoi dans la vie ?

— Je suis photographe, pour des magazines, en free-lance.

— Ma fille étudie la philosophie.

— Ah oui ?

— Oui. Je l'ai laissée faire. Elle dit que l'argent n'est pas tout. Elle est encore jeune. Qu'est-ce que vous avez fait comme études ?

— Comptabilité. Mon père pensait que l'institution tuait le talent, et qu'il valait mieux étudier une matière qui m'ancrait dans le quotidien. J'ai suivi ses conseils.

— Votre père avait des idées arrêtées sur beaucoup de choses. Est-ce que vous êtes artiste comme lui ?

— Non. Je travaille seulement pour la presse.

Il disait : « La photographie n'a pas d'avenir, ma loulette, parce qu'elle est désormais à la portée de tous. Elle disparaîtra d'être partout, de saturer chaque instant de l'existence. Dans ce nouveau siècle qui sera le tien, tout le monde sera assigné à produire des images. L'instantané deviendra la loi. Chacun produira son chef-d'œuvre. Le soupçon entourera ceux qui refusent de concevoir leur vie en objet d'art. Peu importe la vérité de ces images. Peu importe qu'elles finissent par ne plus rien représenter, tant les visages et les sourires s'effacent dans la multitude. Si tu veux continuer en tant que photographe, oui, tu pourras, mais le matin ou le soir, après ton vrai métier. Car il faudra, loulette, que tu choisisses une activité qui chaque jour te définisse. Comprends-tu ça ? Un individu doit creuser un sillon, s'inscrire dans une lignée, choisie. »

— Je suis prêt à accepter que ma fille devienne philosophe. Même si je ne suis pas sûr qu'elle en soit heureuse. Est-ce que votre père était inquiet pour vous ?

— Je ne crois pas.

— Et vous, étiez-vous inquiète pour lui ?

— Non plus. Ce n'était pas notre mode de fonctionnement.

New York, 14 janvier 2002

Que savait-il de la photo ? Je n'avais pas cherché à répondre à mon père. Ce n'est pas qu'il m'impressionnait, mais je n'avais aucun doute sur le fait qu'il ne changerait pas d'avis. Après cinquante ans, il ne changeait plus d'avis, sur rien.

J'allais passer mon bac et venais d'émettre l'idée, à table, de me former à la photographie dans une école. Pour me justifier, je suis allée chercher ce livre où j'avais découvert quelques années plus tôt, par hasard, la photo de Dorothea Lange : *Les Bas filés*.

L'image m'avait émue, brutalement. *Mended Stockings*. Dorothea Lange, au carrefour d'une rue de San Francisco, avait saisi les jambes d'une femme, jusqu'aux genoux. Rien d'autre. Assez pour savoir dans quelle situation difficile était cette femme ; les pieds sont sanglés dans des chaussures tressées, type ballerines, au cuir taché et usé. Mais on ne regarde pas les chaussures, on ne voit que ses bas filés et réparés, au vernis sans doute, qui dessinent sur les mollets des zigzags : leurs cicatrices virevoltantes refusent de se dissimuler. Ce ne sont ni les jambes de la femme ni la photographe qui les saisit qui m'ont retenue, mais le désarroi qui les lie. Le geste accompli par l'image, comme une main posée sur le genou de l'inconnue. L'improbable idée que des bas filés sont tout de même des bas et deviennent précieux, parce qu'ils engendrent une image qui, elle-même, engendre la valeur de cette femme qui n'a plus rien. La photo peut inverser le dérisoire et le monumental.

Je n'ai rien dit de tout cela à mon père. Seulement, « voilà ce que je veux faire ». C'est alors que mon père a entamé ce laïus sur « la mort de la photographie ».

Je n'avais pas les mots pour lui répondre. Enfin si, je les avais, mais je craignais qu'il les balaie. Qu'il piétine les quelques idées qu'à dix-sept ans je couvais en jeune mère. Laisse-le parler, je me disais, il sera temps bientôt de le quitter, et de vivre parmi tes images et tes certitudes.

New York, 15 janvier 2002

Sur Pleasant Avenue, ce matin, je ne voyais presque rien : le brouillard enveloppait les immeubles et abolissait tout mouvement. Je me tenais sur le trottoir, mon appareil photo à la main, sans pouvoir prendre aucune image. Incapable de rien arracher au paysage. Peut-être n'était-ce pas la brume, mais un reste de cendres et de poussières qui obscurcissait les avenues. *L'art n'est plus que le souvenir de l'art*, m'a murmuré une femme, un soir, au cinéma. Elle s'est assise à côté de moi, m'a glissé cette phrase pendant le film. J'étais seule, elle aussi, elle a cru que j'étais prête à écouter ce qu'elle avait à dire. Elle ignorait que j'allais au cinéma certains jours pour ne plus entendre personne. M'abandonner deux heures, dans une boîte sombre et climatisée. Il faudrait que je trouve un cinéma ici, et m'y enferme comme à Paris. Je ne regarde pas le film, je mets simplement de l'ordre dans mes idées. Je pleure parfois. Je dors sinon. N'importe quel cinéma, n'importe où dans la ville. Et puis un jour cette femme, je ne sais même pas à quoi elle ressemblait, elle m'avait peut-être suivie, ou entendue sangloter sur mon fauteuil, m'avait murmuré, *L'art n'est plus que le souvenir de l'art*. Comme une forme de consolation. À la fin du film, je me suis levée au plus vite, me retournant brièvement pour apercevoir une brunette en manteau long qui restait assise, face au générique. Une folle de plus, je me suis dit. Je n'avais pas compris cette phrase, avant de venir dans cette ville ensucrée par l'art de tant de disparus.

Je ne m'intéresse pas aux rues, aux immeubles, aux cieux de New York. Seulement aux gens, à leur présence. À moi parmi eux. Dans la foule, je cherche le reflet de mon visage ahuri.

Une chose que personne ne m'avait dite sur New York : la foule change à chaque heure du jour. La cadence serpente ou ondule, engouffre ou noie, et les visages sont soudainement neufs. Une constante demeure, le froid : « *There is a season that never passes ant that is the season of glass.* »

La saison de glace était le destin de mon père, pas le mien. Il n'aimerait pas l'expression « saison de glace ». Il dirait qu'il faut se débarrasser *du lyrisme, de toute forme de poésie facile*. S'il savait comme je me sens loin de toute poésie ici.

Il n'a jamais dessiné un mur, un horizon, une façade. Mais il n'oubliait pas le lieu où il se tenait. Il disait qu'il fallait toujours savoir précisément où on était lorsqu'on dessinait ou peignait.

6, Pleasant Avenue, troisième étage. Dans une chambre au fond d'un couloir qui ne s'ouvrait que par deux étroites fenêtres sur rue, il a peint le premier tableau qu'il osera montrer au public.

Il écrit dans une de ses lettres : « *De ces douze mètres carrés, je détermine mon champ d'action.* »

Avec le policier, salle d'attente de Wistariatown

Il me fixe de ses yeux noirs. Peut-être mon châtiment est-il de devoir passer l'éternité dans cette salle surchauffée, enchaînée à la voix de ce flic comme l'autre à son rocher.

— Il semblerait que votre père soit venu à Wistariatown un peu par hasard, et qu'en une journée, il ait décidé d'y vivre. Est-ce que ça lui ressemble ?

— De vivre à la campagne ? Non, pas vraiment.

— Non, de s'installer quelque part, du jour au lendemain, sur un coup de tête.

Je ne comprenais pas cette question ; tout le monde est capable de s'enticher d'un lieu sans raison précise. Existe-t-il des gens pour qui l'imprévu est une option placée hors de l'existence, sur l'étagère des ustensiles inutiles, avec la rêverie et le hasard ?

— Oui, je pense que c'était son genre. Mais à Paris, mes parents et moi n'avons pas déménagé pendant dix-huit ans.

— Le 9 avril de l'année 2000, il s'est retrouvé un jour sur la place de la gare, pour un rendez-vous avec un galeriste de la ville, qui n'est jamais venu. C'est là qu'il a rencontré Mrs Samson, venue pour vendre des selles de cheval dont elle n'avait plus besoin. Il lui a proposé de prendre un verre en terrasse. Il s'est installé avec elle la semaine suivante.

Mrs Samson. Le nom de la victime. De la dernière femme de mon père. Ils ne se sont sans doute pas mariés. Pas eu le temps. Mon père ne se mariait plus depuis son divorce à trente ans. Avec ma mère non plus.

Le policier croit-il à l'histoire qu'il raconte ? Au coup de foudre sur une place de petite ville, dans l'odeur du crin de cheval et sous le soleil naissant du mois d'avril ?

Nous sommes au printemps 2000, rien n'a encore eu lieu, de l'effondrement, du drame collectif.

Mon père et Mrs Samson boivent une limonade en terrasse. Une heure plus tard, ils se rendent chez elle et s'installent ensemble.

Je dois imaginer le sourire, le visage enjoué et rougissant de mon père, suggérant à la femme seule : « Tiens, et si tu m'emmenais chez toi ? » La promesse sous-jacente d'être un type comme les autres : ambitieux et solide. La solitude qu'il affiche, et qui ne semble pas inquiétante, au premier abord. Surtout pour Mrs Samson. Je dois imaginer la femme isolée dans une petite ville, qui a cessé de monter à cheval, qui ne peut plus sans doute, ou qui ne veut plus, tant elle a partagé cela avec un homme qui vient de mourir. Elle invite l'inconnu chez elle. Elle se dit, *qu'est-ce que j'ai à perdre ?* Elle ne craint pas l'aventure. À bientôt soixante ans, mon père n'a pas perdu toute son allure : altier, le regard noir et mobile en toutes circonstances. Enfin, il ne faut pas baisser les yeux sur le ventre. Cela suffit-il à Mrs Samson ? L'idée d'un type qui n'a pas de ressources, mais qui porte bien et a de la discussion. Surtout sur l'art, mais après tout, ça sort du paddock. Enfin, Mrs Samson, cet homme, son charme, offert un matin sur la place de la gare, n'est-ce pas un peu trop évident ? Ne voyez-vous donc rien venir ? Non, il ne laisse rien paraître. Mon père est un maître dans l'art de la dissimulation. Cacher ce qu'il est, les failles qui le constituent. Il s'est habitué peu à peu à donner le change, d'année en année, au cours d'un travail solitaire auquel j'ai assisté, sans savoir qu'il me mènerait dans ce pays, auprès d'une Mrs Samson qui aurait mieux fait de rester au paddock.

New York, 16 janvier 2002

Soho ; les façades sont fastueuses dans ce quartier, si étranger à Canal Street. La galerie fait l'angle, une devanture verte qui jure avec la blancheur des autres. Parson. Du nom de George Parson : le galeriste de mon père, l'Anglais discret et jovial que j'avais croisé quelquefois au cours de mon enfance. Ces vingt dernières années, il avait ouvert cinq galeries à Paris, Dubaï, Düsseldorf, et Londres. Ici, à Soho, c'était sa première. Là que mon père, m'avait-il raconté, avait organisé ses trois dernières expositions. Dont une, en novembre : *L'accrochage est somptueux, nous y avons travaillé deux jours. Je regrette ma chérie que tu ne puisses pas voir ça.*

Il ne m'avait pas prévenue de cette exposition. Il m'avait seulement appelée le mois dernier pour me raconter le vernissage. Je n'avais pas pu répondre, en déplacement à Budapest pour un reportage. Je passais mes jours à travailler et mes soirées à écumer les bars de la ville avec les journalistes locaux. Le matin de mon retour, il m'avait raconté cet événement à Soho, *Le moyen de rencontrer des collectionneurs qui suivent mon travail depuis pas mal de temps, et n'ont pas encore franchi le pas d'acheter une de mes œuvres. Et là, avec ma dernière série, les* Rheticus, *ils ont été saisis par ce que j'ai tenté de totalement inédit...*

Je lui avais parlé du reportage à Budapest, de mes rencontres, de l'énergie qui grondait derrière les façades byzantines de la ville. Je lui avais raconté comme m'avait marquée cette Europe orientale et inconnue que je comprenais si peu. Il s'était vaguement intéressé : *C'est très bien, ma loulette, que tu voies un peu de pays, ça te fera réfléchir à ton avenir.*

J'avais raccroché, un goût aigre dans la gorge. À chaque fois que nous nous parlions ces derniers temps, nous étions comme deux avions suspendus chacun à sa trajectoire, s'ignorant l'un l'autre dans le ciel limpide.

J'ai réfléchi à la meilleure manière de me présenter à la galerie Parson. La situation doit être courante dans cette ville où chacun tente de se faire un nom : je suis le fils de Picasso, la sœur méconnue de Jeff Koons. Et voilà la fille d'Arno Glück. L'unique artiste qui finit en bête crevée dans la grande banlieue de cette ville. Non, la galerie ne pouvait pas être au courant de la mort de mon père. La police n'a donné l'information à personne.

Lorsque je suis entrée, la galeriste était accaparée par un couple en imper, j'ai tourné, observé les œuvres : de hautes figures grimaçantes dans l'ombre d'enfants souriants, des silhouettes fines à la Giacometti, une virulence. Sur un mur latéral était projetée une femme se masturbant face caméra. La galeriste en blazer a fini par se tourner vers moi. Des cheveux lisses encadraient son visage. « Je suis la fille d'Arno Glück. » Je n'ai rien ajouté. Elle a pincé les lèvres, marqué un temps, puis m'a demandé, « *And so ?* ». J'ai redit le nom de mon père, elle l'a répété en levant un sourcil. J'ai dû lui préciser, gênée de son ignorance, qu'il s'agissait d'un des artistes de sa galerie. L'un des plus anciens. Je n'ai pas dit « fondateur », ça me paraissait un peu solennel. J'aurais aimé savoir quels tableaux de mon père ils avaient actuellement en leur possession. Une panique traversa les pupilles de la jeune femme, elle rejoignit son ordinateur derrière son bureau, et murmura, « Comment dites-vous ? ».

Glück, je dis Glück. C'est allemand, n'oubliez pas le tréma. Je tentais de garder un air neutre face à cette évidente débutante dans le milieu. Elle ne cessait de secouer la tête. J'ai épelé encore, « G.L.U.C.K ». Elle a cherché dans son fichier une seconde fois. « Je crains qu'il ne soit pas représenté par notre galerie, j'en suis désolée. »

Je me suis retenue de partir dans une de ces colères qui ne me réussissent pas. Les mots montaient : *ne sois pas désolée pour moi, mais pour toi, pour l'erreur que tu es en train de commettre et qui, avec un autre que moi, te coûterait déjà ton poste.*

J'ai repris mon souffle.

« Vous devriez regarder une nouvelle fois, ou alors appeler quelqu'un de plus… informé, parce qu'Arno Glück est non seulement représenté par vous et ami du propriétaire de la galerie, mais, pardon de vous le dire, il a donné ici il y a quelques mois un vernissage qui lui a permis de vendre une dizaine de tableaux. »

Tu aurais vu ce succès, ma chérie, j'ai même vendu mes plus grands formats, le Rheticus 12, *et le* Rheticus 21.

Des toiles à matière, comme il les faisait ces derniers temps : de très hauts fonds de couleur bosselés et rugueux. Peinture sans perspective, cherchant, disait-il dans l'un des longs messages qu'il laissait sur mon répondeur en pleine nuit, à trouver une alternative à la profondeur du paysage, dans l'épaisseur et le refus de la nuance. *Les formes sont ici des personnages qui repoussent les limites du dessin, pour ouvrir un champ neuf.*

La jeune femme partit vers le fond de la galerie, disparut dans un recoin.

Je repensai à l'une des blagues préférées de mon père, *Tu sais à quoi on reconnaît un galeriste ? À sa canne blanche et à son chien d'aveugle.*

Il n'était pas midi, le couple avait quitté les lieux, la lumière ne pénétrait pas jusqu'au fond de la galerie. Je m'y sentais comme dans un caveau : odeur d'humidité et murs en attente de moisissure. Les dernières toiles de De Kooning étaient accrochées dans la pièce adjacente. L'un des héros de mon père. C'était notamment en raison de la passion de son œuvre partagée avec George Parson, qu'il avait choisi il y a longtemps d'exposer dans cette galerie et lui avait été fidèle, alors même, m'expliquait-il, que le choix lui avait été donné d'être représenté par une ou deux galeries plus en vue à Soho. *Mais il est toujours nécessaire de s'inscrire dans la continuité d'une chaîne humaine, lorsque l'on est artiste, tu le sais, ça.*

Sur ces murs, je ne voyais pas le De Kooning de mon père, le peintre inépuisable de Greenwich Village, l'Européen monté sur un bateau et débarqué dans cette ville pour y offrir ses *Women* aux corps virulents, non, c'était le dernier De Kooning qui se présentait.

Le De Kooning amer.

Ne s'exprimait, partout sur ses toiles, que la colère du maître. Jets féroces d'orange, de jaune, de bleu, lancés dans une passion intime qui tenait l'observateur à l'écart. Peut-être le peintre pressentait-il déjà ce qui l'attendait. J'avais lu qu'il avait fini ses jours entre sa maison à Long Island et un appartement à quelques rues d'ici. Atteint de la maladie de la mémoire, il passait devant cette galerie et observait ses tableaux sans les reconnaître. Il demandait alors à sa femme, *Sais-tu qui est le pauvre artiste qui signe ces ordures ?* J'ignore si l'histoire est vraie, ou si elle a été engendrée par la machine à récits d'internet, mais ses toiles annonçaient la possibilité d'un tel désastre.

La galeriste est revenue, accompagnée d'un jeune homme qui se frottait les mains. J'ai trouvé ce geste un peu outrancier, comme dans les films Disney, quand le méchant se prépare à accomplir un mauvais coup.

— Mademoiselle Glück ? a-t-il demandé.

— Nathalie Bouvreuil.

— Nous ne représentons plus les intérêts d'Arno Glück depuis trois ans. Cette rupture s'est conclue d'un commun accord, je suis étonné que votre père ne vous en ait pas parlé.

— Ah oui ? Non, c'est vrai, il a oublié de me le dire.

Je m'étais maquillée avant de venir, assez pour couvrir l'échauffement de mes tempes. Je me suis appliquée à ne pas croiser le regard de la galeriste, et leur ai souhaité une bonne journée.

En sortant, j'ai cru apercevoir le vieux De Kooning et sa femme descendant le trottoir : le peintre à la tête perdue, dénonçant l'imposture des tableaux qu'il apercevait dans la vitrine, raillant l'artiste qui avait osé se croire sauvé par la postérité, et qui n'était personne, non, personne. Comme s'il était évident pour un peintre de terminer dans un écoulement jaune glougloutant dans le fond d'une galerie.

AUTOPORTRAIT 2 – Main trempée dans la peinture jaune, quatre doigts en l'air, pris devant un mur écaillé. Le jeu des silhouettes sur le mur. La main se hausse et cherche, en ombre chinoise, à tracer les contours d'un animal : canard perdu dans la ville ? Antilope courant dans un champ indistinct ? L'animal n'est pas à sa place, propulsé hors de son biotope.

Lettre d'Arno Glück, New York, novembre 1971

Cher Jean-Luc,

Ce que l'on raconte de cette ville n'est pas un leurre. New York livre à ceux qui la désirent une énergie folle. Cadence infernale qui me voit debout à cinq heures trente chaque matin. Pourtant, avec Mathilde, John et les autres, nous ne nous endormons jamais avant deux heures. Je me réveille à l'aube, m'enferme dans ma chambre, et attaque mon grand format. J'ai le sentiment de m'y débattre épaule contre épaule, je suis aujourd'hui dans le gris, et même s'il est impossible dans de telles dimensions de toucher à une perspective, ni simplement à une idée générale, j'avance au plus près de ce que j'ai cherché depuis longtemps.

Tu te souviens, Jean-Luc, de ce que je t'ai raconté de ce jour d'enfance où j'avais dessiné l'un de mes camarades en pension au Mans ? De ce dessin dont j'avais été si fier ? J'avais neuf ans, et pour la première fois, j'accomplissais une forme : le corps endormi de mon voisin de lit au pensionnat. Son corps nu. Comme je l'avais vu dans les premiers dessins de Michel-Ange. Je t'ai raconté la suite, non ? Comme j'ai été convoqué dans le bureau du directeur, puis renvoyé ? Comme mon père a dû venir me chercher au pensionnat ? Comme il avait reçu un coup de fil lui annonçant que j'étais accusé de pornographie et pédérastie au nom de ce seul dessin ? Un garçon de neuf ans. Mon meilleur ami. Je suis rentré à la maison en pleine année, j'y ai découvert la honte. Mes parents me placèrent au purgatoire : au bout de la table familiale, seul et isolé, pendant des semaines. Plus personne ne m'adressait la parole. Même mes frères et sœur. Seuls des prêtres se succédaient dans ma chambre afin de me remettre sur le bon chemin, tentant, chacun à sa manière, de m'extirper ce poison qui rongeait ma tête.

Je n'ai jamais eu le droit de revoir le garçon de la pension. L'année suivante, j'étais envoyé dans un autre établissement, plus loin, plus strict.

Mais depuis que je suis arrivé ici, je commence à comprendre, Jean-Luc, qu'ils avaient raison de me punir, de m'interdire de parler à cet autre enfant qui était mon ami, de m'interdire de dessiner, de m'envoyer des prêtres. Je n'étais pas homosexuel, mot qu'ils avaient choisi pour désigner tout ce qu'ils ne comprenaient pas. J'étais pire : dans ce dessin, je découvrais ma ligne, mon trait, ma couleur. Dans ce dessin, je devenais peintre. Et vois-tu, Jean-Luc, à chaque fois, à l'aube, que je réattaque mon grand format dans la chambre new-yorkaise, je repense au petit garçon assis au bout de la table de la salle à manger à qui personne n'adresse la parole, parce qu'il a dessiné le corps d'un autre, parce qu'il a entamé une recherche dont ils ignorent à quel point elle les rejette. Je repense à cet enfant qui n'est que caillou dans la chaussure du clan, et je me dis que dans ma chambre de Pleasant Avenue, je poursuis ce qu'il a entamé.

Sais-tu comment s'appelait cet ami que j'ai dessiné ? Constantin Glück. La promesse de la joie dans son nom. Dans le mien désormais.

Avec le policier, salle d'attente de Wistariatown

— Nous avons identifié l'arme du crime : un pistolet type Glock, semi-automatique, de calibre 9 mm. Votre père le possédait depuis six mois. La question demeure de savoir comment il avait appris à s'en servir. Nous n'avons trouvé aucun permis de port d'arme sur les registres français à son nom. Votre père était-il chasseur en France ?

— Non. Enfin, plus depuis très longtemps.

Il y avait eu des chasses au cours de son enfance. Il m'avait décrit un jour des matinées de chasse, aux abords de Paris, dans la forêt de Rambouillet, avec son père. Ils y possédaient une maison familiale. Je n'y suis jamais allée. Je n'ai jamais rencontré son père. Mon père avait posé une photo de lui sur l'étagère de notre bibliothèque, vieil homme assis au soleil, bras de chemise retroussés sur des poignets fins, une allure à la Bogart, un regard qui insiste pour vous connaître. Avec cette bienveillante curiosité qui est la plus belle promesse que peut formuler un individu à un autre. Mon père décrivait son père comme un petit individu fin et doux, reclus dans une bibliothèque, lisant de la littérature britannique, puis sortant en Barbour et bottes de cuir traquer le faisan dans les brumes automnales des bois. Cet homme dont mon père avait dit un jour, alors que ma mère lui demandait ce qu'il faisait dans la vie, *Comment voulais-tu qu'il fasse quoi que ce soit ? Il était trop riche pour ça.*

Je crois que mon père gardait de la chasse un des rares bons souvenirs de son enfance : il se souvenait de ces jours à traquer les bêtes comme de moments heureux avec son père, car, disait-il, *nous étions côte à côte, sans dire un mot. Et il était si difficile de nous parler.*

— Comment est mort son père ?

— Je ne sais pas. Une chute. Ou une maladie. Mais c'était bien avant ma naissance.

Mourir en prédateur, pistolet à la main, prêt à tuer, n'était sans doute pas une tradition chez les Bouvreuil.

La grandiloquence est une défaite, disait mon père. Mais se donner la mort par balle, n'est-ce pas grandiloquent ?

New York, 17 janvier 2002

Mon père inventait des jeux pour moi, petite. Par exemple autour de sa fable préférée, *Le Loup et le Chien*. Nous nous amusions, sur le chemin de l'école, à nous la réciter en dialogue :

Chemin faisant il vit le col du Chien, pelé :
Qu'est-ce là ? lui dit-il. Rien. Quoi ? rien ? Peu de choses.
Mais encor ? Le collier dont je suis attaché.
De ce que vous voyez est peut-être la cause.

Et chaque jour, d'échanger nos rôles, entre loup et chien, *Attaché ? dit le Loup. Vous ne courez donc pas où vous voulez ?*

Aucun de nous deux ne riait à la fin de la fable. Je ne voulais pas choisir entre le loup et le chien, et je crois que lui non plus.

De ses lettres, quelque chose m'échappe. Son visage jeune. Je n'ai jamais vu de photo de lui avant ma naissance. Il n'y en avait pas à la maison. J'ignore s'il portait déjà la crispation désirante et coupable que je lui avais connue toute ma vie.

Avec le policier, salle d'attente de Wistariatown

— Ce soir-là, a raconté Mrs Samson, votre père a dîné sans prononcer un mot ni lever les yeux sur elle. Il a d'ailleurs très peu mangé, alors qu'elle avait fait des croque-monsieur, en souvenir de sa vie parisienne. Il ne termina pas son croque-monsieur, ni sa salade, et se leva rapidement après le dîner pour rejoindre son atelier. Pourtant, nous a précisé Mrs Samson, il ne travaillait jamais après le dîner. En sortant de table, il s'est servi trois whiskys, d'affilée. Est-ce qu'il buvait souvent ?

— Je ne vis plus avec lui depuis huit ans.

— Et avant ?

— Il buvait quelquefois du whisky oui, mais pas plus que ça.

La bouteille de Johnnie Walker posée les soirs d'hiver sur la table basse du salon : je la remarquais en rentrant du lycée et la rangeais dans la cuisine, avant de me coucher. C'était au cours de la dernière année de notre cohabitation qu'il avait pris l'habitude de boire du whisky. Les jours où ma mère s'absentait, une bouteille traînait dans le salon, sur la table basse, devant la télé. Pour accompagner la pizza surgelée ou le croque-monsieur, oui déjà, qu'il ingurgitait en guise de dîner devant un vieux film. Il prenait soin de ramener son assiette et ses couverts, mais oubliait souvent le whisky. Je ne sais pas combien de verres il buvait : la bouteille n'était pas vide chaque soir.

Mais je n'emprunterai pas le chemin qui mène de la bouteille au pistolet. De la solitude à la solitude. Le whisky ne donnera pas à ce policier qui me retient dans cette pièce étroite, mains croisées derrière le dos et marquant chacune de ses questions d'un souffle de nez assez chevalin, la solution à l'énigme du jour : pourquoi ce Français sans histoires a-t-il pété les plombs ? Si une bouteille de Johnnie Walker résolvait ce genre de question, ça se saurait. Mon père n'est pas l'homme qui prend son pistolet après un verre de trop : non, je suis désolée, mais c'est non.

New York, 18 janvier 2002

J'ai rêvé d'un visage : barbu, grisonnant, grimaçant, les dents jaunes et branlantes. La tête fonçait sur moi, issue de l'obscurité, tournoyant comme un cerf-volant. Elle affichait un rictus, entre la colère et l'ironie. Ou autre chose. Lorsque je me suis réveillée, j'ai cru que j'étais chez moi. Pas dans mon studio à République, non, dans mon premier chez-moi, ma chambre d'enfance, sous les arcades du 254, rue de Rivoli. L'appartement qui m'a vue naître, et me prendre une première fois mon père dix-huit ans plus tard. Non, il ne nous a pas quittées : ma mère est partie, puis moi. Il s'est retrouvé seul, il a choisi d'émigrer à New York. Décision invraisemblable. *Parfaitement aberrante*, avait murmuré ma mère, lorsque je lui avais raconté qu'il m'avait appelé de New York. *J'ai une opportunité là-bas, je t'en parlerai dès que ce sera plus clair*, s'était-il simplement justifié. En huit ans, il n'a jamais trouvé un moment pour m'expliquer pourquoi il avait choisi New York pour refaire sa vie. Ni pour me révéler quelle était l'opportunité qui lui avait fait quitter Paris du jour au lendemain. Si tant est qu'il ait cru possible de réinventer quoi que ce soit à cinquante-cinq ans. Ou peut-être ai-je oublié de lui demander. Je lui ai promis d'aller le voir dès que je pourrais. N'ai jamais pu. Il n'a pas insisté. Nous parlions au téléphone. De rien ou presque. Il est revenu à Paris une fois l'an. À l'automne, sa saison préférée. Le temps d'un déjeuner au restaurant, et d'une exposition. Il en choisissait deux, me les proposait, je tranchais. Toute une journée ensemble à parler d'art et de la météo. Nous n'avions pas beaucoup plus à nous dire. Huit années, un nuage file dans le ciel. Et Rivoli ? Loué à une autre famille. Ou à un couple, je crois, un architecte et son amie institutrice. D'autres histoires, d'autres rages, d'autres rires. Je n'y pensais jamais. Je ne passais pas devant à vélo, en bus, à pied. Je faisais le détour par les quais, ou par l'avenue de l'Opéra. Une superstition peut-être. Ou une facilité. Je me suis appliquée à ne pas revoir le 254. Le foyer qui nous abritait, tous trois, dans un bonheur inconvenant qui couvrit mon enfance, et la protégea des visages de cauchemar.

Salon du 254, rue de Rivoli,
Paris Ier arrondissement. 1988

Une vaste pièce au parquet sombre et aux murs rayés, mauve et noir. Des poutres soutiennent le plafond à intervalles réguliers. Au centre, une estrade entourée de marches. Deux fauteuils club en simili cuir usé, autour d'un canapé Second Empire vieux rose. Devant, une table basse en bois verni, brûlée par endroits et, face à elle, un projecteur et un écran blanc suspendu à une poutre. Sur des tables dépareillées, deux lampes thaïlandaises à abat-jour de soie à franges arborent sur leurs ventres bombés des scènes émaillées de la vie de Bouddha. Dans le coin de la pièce, un piano de noyer brun, tiré le long du mur. Il impose sa placidité contondante dans ce salon où tout semble sur le point de glisser, jusqu'aux rideaux sable qui n'éclaircissent en rien l'ombre des arcades. Au-dessus du piano, un article encadré. On peut y lire :

Arno Glück, l'abstrait poignant.

Ce jeune artiste s'est lancé dans d'immenses tableaux traversés de formes qui flottent et semblent grimacer. Sont-elles des visages ou de purs objets ? Une démarche fascinante, à mi-chemin de De Kooning et de l'école américaine. Ce jeune peintre se situe au cœur d'un chaos géométrique que renforce la férocité des traits de ses « monstres ». Un univers fort. Un grand artiste en devenir.

Thierry Longet. *Art Press.* Octobre 1987.

Au centre du salon, Arnaud et Alice, assis, tiennent chacun un verre à la main, leurs regards se croisent, ils ont l'air de deux enfants ivres, bruns et décoiffés, lui tenant sa cigarette entre le pouce et l'index, elle, renversée sur sa chaise, les bras jetés derrière la tête, seins légers sous un calicot à rayures jaune et rouge. Frappante ressemblance de ces deux jeunes gens, ravis par la fête promise de l'existence. Un inconnu les saisit, sans doute en pleine soirée, on devine derrière eux une petite foule dans le couloir menant à la cuisine. Côté fenêtre, suspendue aux crochets d'un ancien lustre, une balançoire se reflète dans un haut miroir cerclé d'acier. Sur l'assise, une petite fille sourit.

New York, 19 janvier 2002

La saison des glaces avance dans un New York où il ne neige toujours pas.

J'ai lu dans le *New York Times* que Nina Simone donnait un concert la semaine prochaine à Brooklyn. *Une vieille gloire*, écrit le journal, *relance les dés dans la ville qui l'a adoubée*.

Dieu portait trois noms chez nous : Nina, Chet et Leonard. Si mes parents respectaient peu le rituel du dîner, j'ai dû manger à peu près la même chose toute mon enfance, omelette, spaghettis, salade de tomates, et les cakes à la banane que ma mère laissait brûler dans le four de la cuisine, ils devenaient grands prêtres dès que l'une de ces trois voix s'élevait de la radio constamment allumée sur TSF Jazz ou Fip. Nous devions suspendre nos mouvements pour écouter l'un de ces trois-là célébrer la douce Valentine, le vin mauve, ou les nuits du Chelsea Hôtel.

D'autres soirs, nous éteignions la radio et dans la cuisine, imaginions l'avenir en tournant la roue de la chance. Mon père ne doutait pas que la reconnaissance viendrait à lui, et que bientôt, nous devrions réinventer nos vies à l'aune du succès : les voyages et l'argent, le courrier qu'il faudrait trier, les amis que nous perdrions, le travail d'interprète que mon père abandonnerait, sa lettre de démission était écrite, les soirées mondaines que nous refuserions, parce que *la mondanité est une perte de sens et de soi,* le temps que nous économiserions pour continuer à parler dans cette cuisine, sauf lorsque nous accueillerions ces peintres qui seraient bientôt nos amis, Stella, De Kooning, Judd... qui l'étaient déjà, tant mon père entretenait dans son oeuvre un dialogue constant avec eux. La gloire ne serait rien d'autre qu'un accident, prémédité. Un crash qui aurait lieu près de chez nous, à Rivoli, et bouleverserait nos existences. Mon père nous l'assurait, ce moment arriverait, il n'était pas possible de nourrir une telle ferveur pour une simple illusion. Il riait avec ma mère d'Untel et d'Unetelle qui seraient si *surpris* de le voir ainsi adoubé, ces critiques dont il citait les articles sans queue ni tête, il imitait les discours péremptoires de ces *demi-habiles autoproclamés spécialistes d'art contemporain* qui, à l'exception de quelques rares clairvoyants, n'avaient jamais daigné prononcer son nom. Il reprenait leurs jugements en fronçant les narines, devenant au fur et à mesure des verres de chablis un peu plus drôle, un peu plus nerveux. Je l'entends ce soir, je discerne dans la pénombre de ma chambre la silhouette de mon père en pantalon de velours, verre de vin blanc à la main, continuant à parler en rangeant la cuisine, alors même que ma mère et moi ne disons plus rien, épuisées par la course de son imaginaire : il poursuit la description de l'époque à venir, où il faudra bien que chacun reconnaisse l'art qui s'est exprimé au numéro 254 de la rue de Rivoli, dans l'ombre des arcades, par le fait d'un homme qui vit pour le *trait juste*, sous l'œil attentif d'une femme et d'une enfant qui se savent embarquées dans la plus grande aventure qui soit, celle de l'esprit.

Mon père, cheveux bruns sur la nuque, lunettes en métal, nez droit et long, pommettes marquées à la russe, rire tonitruant, mains larges et poilues de gorille, et silhouette tangente d'Iggy Pop, le premier, de *Passenger*.

Lorsqu'il quittait la cuisine pour retourner à ses pinceaux, ma mère murmurait parfois devant l'évier de la vaisselle : *Oui, c'est ça, c'est exactement ça, deux, trois personnes, une ou deux expositions, quelques articles, et on y sera*.

Avec le policier, salle d'attente de Wistariatown

— Si vous ne l'avez jamais vu une arme entre les mains, vous n'êtes pas étonnée que votre père sache tirer au pistolet, cinquante ans après ses chasses d'enfance ?

Le policier me regardait avec cet air d'intelligence affective que je n'aime pas, et que d'autres nomment la pitié.

— Je suppose que ce sont des pratiques que l'on n'oublie pas.

Le vélo, le ski, tirer au pistolet ; le cerveau humain retient l'essentiel.

La petite fille ne supporte pas l'image d'un père violent. La petite fille ne supporte pas que son père ait tenu une arme entre ses mains. J'aimerais étrangler la petite fille qui se débat dans cette salle d'attente du commissariat de Wistariatown.

— D'après la victime, il aurait chargé le pistolet en sortant de table. Il est allé chercher les munitions que Mrs Samson avait rangées dans le tiroir d'un buffet dans le salon et inséré les balles dans la crosse pendant que sa compagne finissait de ranger la cuisine. Puis, du même buffet, il a sorti la bouteille de whisky et un verre, est allé dans son atelier.
— Et qu'a-t-il fait de l'arme ?

— Il l'a laissée sur le buffet. C'est étrange. Le plus souvent, dans ce genre d'affaire, les gens chargent, puis tirent. Votre père a laissé passer plus d'une heure. Peut-être attendait-il le départ de sa compagne. Ou peut-être ne savait-il pas ce qu'il voulait. Votre père était-il quelqu'un d'hésitant ?

On le serait à moins.

AUTOPORTRAIT 3 – Un coude sur un drap, dans la pénombre : détaché de l'épaule, dépouillé de la main. On devine mal le mouvement du bras parmi les draps froissés : membre perdu d'un corps disloqué, angle droit posé dans la nuit. À qui appartient-il ? Un organisme vulnérable qui se replie dans un lit, en attente d'une vie qui reprendrait. À côté, un paquet de Marlboro Light vide, et une dizaine de lettres froissées, à écriture haute et vive, et à l'encre légèrement estompée par trente années. Des lettres jetées par terre, puis ramassées, reprises, et examinées, une, deux, dix fois. Des lettres qui n'apportent aucun réconfort. Des lettres qui racontent un étranger, un inconnu, qu'on a cru, il y a longtemps, le plus intime.

Lettre d'Arno Glück, New York, novembre 1971

Cher Jean-Luc,

Depuis deux mois, je rencontre tant de gens, de peintres, de critiques, de galeristes, que je ne peux les nommer. Nous parlons du matin au soir de l'avenir de la peinture, sans douter une seconde que c'est dans cette ville, en ce moment précis, qu'il se joue. Tu ne peux imaginer à quel point ces rencontres sont déterminantes pour moi. Car les artistes doivent ici définir et redéfinir leur position dans le mouvement général. Je n'ai pas encore bien cerné la mienne, mais je crois être sur le bon chemin. Nous sommes quelques Européens à être venus ici pour effectuer une recherche en peinture et prolonger celle de De Kooning qui nous a ouvert la voie. Personne ne parle plus d'expressionnisme abstrait, mais nous œuvrons sur ses traces. Je crois qu'avec certains nous partageons, pardon de ce grand mot, une même éthique. Et puis il y a les autres, je ne devrais même pas en parler, ces cohortes d'opportunistes qui occupent les galeries, qui peuplent les soirées, qui excitent les magazines : les hyperréalistes, les serviles opérateurs de la Factory. Tu verrais ces mondains prêts à toute forme de dévoiement pour passer une heure face à leur gourou peroxydé, ces peintres de publicité qui peignent les visages des braves gens des petites villes, ou leurs peignoirs, leurs chiens, afin de décrocher la timbale. Ils me dégoûtent. Où croient-ils mener la peinture avec leurs collages photographiques et leur simplicité de petits commentateurs de la société américaine ? Crois-moi, même si on me le proposait, ce qui arrivera peut-être puisque mes grands formats laissent ici peu de gens indifférents, je ne mettrai jamais un pied à la Factory. Ce Warhol, personnage de télévision inventé de toutes pièces par ceux qui ont besoin d'une telle figure, ne m'intéresse pas. Je ne ferai jamais allégeance aux soupes Campbell.

Ceci dit je ne saisis pas qu'une femme ait pu vouloir l'assassiner. Était-ce un coup publicitaire ? Sinon quoi, je ne saisis pas que l'on puisse ainsi, même par désarroi artistique, s'emparer d'une arme et vouloir tuer un homme. Nous en parlons avec les artistes que je rencontre. Il y a dans ce geste une telle opposition à celui de l'art à mes yeux, mais d'autres au contraire y voient le basculement ultime de l'artifice dans la chair. « Le terrible coup de boutoir de cette force d'inertie », dirait Artaud. Figure-toi qu'ici, des peintres citent Le Suicidé de la société. *Tu te souviens, Jean-Luc, comme nous lisions ce livre au lycée, avec quelle ferveur ! Aurais-tu imaginé qu'à New York, il devienne pour certains peintres aussi un missel ?*

Catherine m'a envoyé une lettre, mon père une autre. Est-ce toi, Jean-Luc, qui leur as donné mon adresse ? Mon père m'annonce, avec son sens dramatique habituel, qu'il est malade, un cancer. Le pancréas. Il insiste sur la gravité de son diagnostic et cite ses soldats médecins qui m'ordonnent de rentrer auprès de lui. Je te demande, s'il te plaît, de les calmer, de leur faire comprendre que je ne peux pas pour l'instant leur répondre. S'ils savaient comme leur galimatias ne me touche plus. Jean-Luc, s'il te plaît, dis-leur qu'ici je rencontre un autre moi-même, un double ailé, et que je dois le suivre. Non, ne leur dis rien. Ils prendraient chacun de mes mots comme une offense. Surtout mon père, qui me demande de revenir à Paris, « à ta seule place, auprès de ton père et de ta femme ». Catherine m'écrit la même chose, à croire qu'ils rédigent leur courrier ensemble. Comment leur dire qu'il est temps désormais de rompre des liens qui m'entravent ? Catherine ne peut pas être heureuse avec moi, je ne suis pas l'homme qu'il lui faut. Je pense d'ailleurs qu'un artiste ne peut pas constituer une famille, tu sais, toi qui enseignes la littérature, à quel point le dialogue qu'un artiste entretient avec lui-même ne peut subir aucune interruption. Nous sommes arrivés dans un temps, je le vois chaque jour dans cette ville, où l'idée de famille appartient au passé. Comment veux-tu si cette planète explose dans un mois, dans un an, constituer une famille ? Nous vivons dans l'ombre d'une catastrophe qui nous détruira, mais aujourd'hui nous libère. As-tu lu celui dont tout le monde parle ici, Günther Anders ? « C'est en tant que morts en sursis que nous existons désormais/Et c'est vraiment la première fois. » Je ne conçois plus de possibilité d'engendrement, ni de filiation. Je suis un mauvais fils. Je serais un mauvais père. Comme tous les pères. Il n'y a plus de pères. Plus de fils. Demeurent l'urgence de ressentir et la patience d'avancer dans la difficile saisie du temps présent. Tu sais comme la tradition en peinture n'a plus lieu d'être, comme nous ne pouvons ni recevoir, ni transmettre, seulement nous inscrire dans une chaîne de l'émotion archaïque, mythologique, qui abolit toutes les écoles, et les possibilités d'éducation.

Chaque nuit, je retrouve Mathilde et nous parlons de tout cela. J'aime ses seins légers, et sa faculté de ne jamais s'égarer dans le labyrinthe de mes pensées.

Avec le policier, salle d'attente de Wistariatown

— Mais alors que votre père terminait son troisième whisky assis sur le canapé de son atelier, il s'est endormi. C'est du moins ce qu'a cru Mrs Samson qui, de la porte, n'a aperçu que son corps allongé sur le canapé. Il est rare de constater un tel calme avant de passer à l'acte. Mrs Samson a frappé, est entrée, l'a appelé deux fois par son nom, il n'a pas réagi, elle en a déduit qu'il s'était endormi. On peut aussi suggérer qu'il se préparait, accomplissant une sorte de méditation. Ou qu'il se laissait aller à une rêverie nerveuse. Ou alors, qu'il feignait de dormir, mais écrivait ou dessinait, et s'est interrompu à l'arrivée de Mrs Samson. Qu'en pensez-vous ? Votre père était-il le genre d'homme si fluctuant, qu'il puisse s'endormir, puis à son réveil se donner la mort ?

Lettre d'Arno Glück, New York, décembre 1971

Je suis allé hier à la rétrospective de ce peintre qui est mort l'année dernière, ici adulé : Mark Rothko. Je ne sais pas ce qu'il a traversé pour parvenir à ce lieu de dissolution, cette emphase de la perte et cette certitude de la renaissance, mais je ne vois pas de peinture plus honnête que celle-ci. Il appelle cela le mythe. Savoir retourner au mythe. Je sais que ce fut difficile pour lui, qu'il eut d'abord du mal à se faire comprendre, et même à trouver le juste reflet de son « mythe », mais sa réussite est imparable.

J'ai compris dans cette exposition que nous ne sommes pas seuls, qu'un artiste ne peut pas l'être, il s'inscrit dans un mouvement qui ne lui appartient pas. Une lignée. Et celle-ci ne se rejoint que par l'honnêteté de l'art que l'on poursuit. Je suis moi aussi un maillon, j'en ai pris conscience en découvrant ses tableaux. Un maillon d'une honnête chaîne d'artistes.

Sais-tu qu'un an avant de mourir, il apprit qu'il ne pourrait plus peindre de grands formats ? Il écrivait : « Je rêve du temps où, jeunes et solitaires, nous n'avions rien à perdre et une vision à gagner. » *J'y suis, Jean-Luc, j'y suis. Sur le point de gagner ma vision.*

New York, 20 janvier 2002

Honnêteté, le mot revient une dizaine de fois dans les lettres de mon père. Cette honnêteté de Mark Rothko que le peintre a couronnée par un coup de feu, lui aussi, le 25 février 1970, dans un atelier près d'ici, à l'aube.

Je déteste ce mot. Je n'y crois pas. Je ne le comprends pas.

Cher père, si tu étais si honnête, pourquoi es-tu parti quelques mois après avoir écrit cette lettre ?

Pourquoi as-tu abandonné ta *recherche*, quitté cette ville à *la cadence infernale*, pour rentrer à Paris ? Pour retrouver ta famille, rebaisser la nuque, avant de rompre un peu plus tard et choisir une nouvelle femme, engendrer un enfant, et continuer ton art en sous-sol, en manie neurasthénique que tu n'aurais pas réussi à calmer ? Pourquoi s'évertuer à détruire les chances qui t'étaient données ici, dans cette ville *aux mille possibles* ?

Pour dix, quinze ans de joie ? C'est ainsi que tu me le disais, lors de nos rendez-vous ces dernières années : *À Rivoli, nous avons eu dix, quinze ans d'un ciel parfait.* Le croyais-tu ? Ou voulais-tu me le faire croire, te le faire croire ?

Il n'y eut pas que la joie. La cadence, à Paris, s'avéra non moins infernale. J'aimerais décrire au jeune homme qui quitte New York en 1972 la vie à laquelle il se contraindra dix ans plus tard, au nom de « la joie » : cinq jours par semaine, tu abandonnais tes pinceaux sur la table de la cuisine, et revêtais ton étroit costume pour traduire en anglais ou en allemand les dialogues des hommes d'affaires. Il te fallait un métier à Paris, tu avais choisi de devenir interprète. Cinq jours par semaine, tu partais tôt le matin, tirais une valise à roulettes pour attraper un train ou un avion, rejoindre un séminaire ou des réunions d'affaires. Tu payais les factures, assurais à ta fille, ta femme, une vie correcte. Dans ta veste de flanelle achetée chez Rodier, tu te fondais parmi les hommes d'affaires et chuchotais à l'un ou à l'autre les mots de ceux d'en face. Langage de juges et de commerçants que tu supportais si mal. Puis tu revenais chez nous, à l'entresol de la rue de Rivoli, qui appartenait aux Bouvreuil. À deux cents mètres de l'appartement de ton enfance, à deux cents mètres de ces gens, ta famille, qui refusait désormais de t'adresser la parole. À deux cents mètres de l'entreprise familiale, où tu n'avais plus le droit de pénétrer. Personne ne nous retenait dans ces rues, c'est toi qui avais choisi d'y vivre, parce que tu pouvais louer cet appartement, disais-tu, à un bon prix. Oui, d'accord. Mais aussi, je te l'ai entendu avouer certains matins à ma mère, espérais-tu la réconciliation. Et même la reconnaissance pour ta femme, ta fille, de ces frères et sœur qui ne te saluaient pas lorsqu'ils te croisaient, toi, *qui as donné dans l'artistique*, crachaient-ils à ceux qui demandaient de tes nouvelles. Et à ceux qui insistaient, ils précisaient ; Arnaud est *un émotif, incapable de travailler, qui n'a le sens de rien*. Mais tu n'entendais pas. Tu persistais à croire qu'au fil du temps tu pourrais ramener à toi ces gens qui, bien qu'ayant toute leur vie rongé le patrimoine familial, s'unissaient dans le dégoût que tu leur inspirais. Tu étais leur ennemi existentiel et tu n'y changerais rien. Pourtant, tu continuais à sourire en les croisant. Je ne sais si tu étais naïf, aveugle, ou *fluctuant*, comme dirait le policier.

Au retour de tes voyages, tu jetais le costume dans la machine à laver, remettais tes pantalons de velours, tes vestes de lin, tes tee-shirts de groupes de rock. *Monsieur Glück revient parmi nous*, disais-tu. Tu rangeais ta chambre, sortais tes toiles de grands formats et travaillais toute la nuit. Nous ne disions rien, attendant les repas pour te retrouver. Lorsque ma mère s'inquiétait de tes cernes, de tes tremblements, tu répondais, *Ce n'est pas grave, ce n'est qu'une question de temps, bientôt la vie changera.* Nous te croyions : il ne faisait aucun doute alors pour ma mère et moi que tu étais sur le point d'atteindre le succès. Arno Glück allait devenir le grand nom de l'art français de la fin du xxe siècle. Tu nous le promettais : *Je serai la surprise, comme disait Goethe à Eckermann, l'inattendu.*

Tes mains abîmées, tes joues creusées, les ampoules entre l'index et le pouce, tes insomnies et tes migraines. Tes vertiges. Cela valait-il la peine de quitter New York ?

Cela valait-il la peine de donner naissance à une fille, qui ne te comprendrait peut-être jamais ?

Lettre d'Arno Glück, New York, décembre 1971

Cher Jean-Luc,

Si je devais te donner une nouvelle raison de mon exil volontaire, je te parlerais du prix des pinceaux à New York. Le matériel est deux fois moins cher ici qu'à Paris : des pots de peinture, de plâtre, d'acide, des feuilles, de la colle, des ciseaux encombrent mon espace de vie. Dans un coin de ma chambre, ne demeure de Paris que ma petite valise : les vêtements sales s'y amoncellent.

Je me pose aujourd'hui la question du rouge. J'y suis entré sur mon deuxième grand format. Je ne m'attendais pas du tout à me la poser. Le rouge, à Paris, m'aurait paru déplacé, hors de propos. Mais je suis parti pour emprunter des chemins interdits chez moi. Le rouge m'intime comme De Kooning à accepter que ma peinture porte en elle une rage profonde, première. J'y suis prêt.

J'ai abandonné les dernières ombres des visages, ce n'était d'ailleurs plus que des masques. Je les laisse aux amuseurs de l'hyperréalisme qui produisent ici les portraits en série, comme des beignets qu'ils vendraient au coin des rues. Pour moi, cela va se jouer entre la couleur et le trait, dans la toile plane, au plus près du pinceau. Ma recherche m'épuise, me laisse certains jours hagard et vide, mais je continue. C'est enfantin et terrifiant de se lancer ainsi hors des visages, mais je crois qu'ici je le peux, et mes esquisses ont retenu l'attention de quelques-uns. Oui, Jean-Luc, je peux te le dire, mon nom circule dans le milieu. Même dans le Village, des critiques demandent à voir mon travail. Je réponds que je ne suis pas encore prêt. Je ne dois pas brûler les étapes. Il faut simplement tenir la ligne. Dans ta dernière lettre, tu appelles cela « mon étrange posture morale », et tu me reproches de me payer de mots, pour oublier que mon père est malade à Paris, et que je suis à New York. Qu'une femme m'attend, seule, et que je demeure ici, entouré d'inconnus, à chercher la reconnaissance. Que mes frères et sœur me demandent de les rejoindre au chevet de notre père et que je ne leur réponds pas. Mais oui, Jean-Luc, je l’assume, mon choix est profondément moral. C’est-à-dire ~~portant l’idée d’un bien à saisir, et d’un mal à cerner~~. Non, mais si je parlais notre langage, je te raconterais que sur chaque tableau, je combats le Moloch de Howl : « Moloch dont la pensée est mécanique pure ! Moloch dont le sang est de l’argent qui coule ! Moloch dont le sang est dix armées ! » Tu te souviens Jean-Luc, nous l’avions retraduit ensemble un soir après le lycée ? Je comprends ici la loi intérieure qui guidait Ginsberg.

Tu me dis que mon orgueil fait souffrir ceux qui comptent sur moi. Il n’y a là aucun orgueil, Jean-Luc, ce n’est pas une question d’individu, mais de principe humain à poser sur une surface plane. Je n’ai pas d’autre aspiration : atteindre le fond de l’existence et en remonter les formes à la surface. Tu me dis qu’il y a une violence folle dans mes lettres. Oui, je crois que la violence est nécessaire. Elle répond à celle qui nous entoure. Je crois que la violence peut être une éthique, face au Moloch.

Je vais exposer trois dessins dans le grenier d’une ancienne église du Village. Une série que j’ai intitulée Ruptures. Ce sera l’expo d’une soirée, avec quelques autres peintres. Il se pourrait que Leo Castelli passe voir notre travail, nous a annoncé l’organisateur de l’expo. Il a peut-être entendu parler de moi. De ma recherche. Qui sait ?

New York, 21 janvier 2002

L'ancienne église du Village qui a accueilli l'exposition de mon père est devenue aujourd'hui un hôtel de luxe. J'ai visité le hall, décoré de lithos des *eighties*, qui nous promet de retrouver « l'esprit du New York de Haring et Basquiat ». Pas de traces des prédécesseurs. En découvrant St Mark's Place, j'ai imaginé mon père, traversant les lieux avec son carton à dessin, l'air concentré et grave. Rien que quelques dessins, parmi les œuvres d'autres artistes, le temps d'une soirée. Il rentrait dans l'histoire. Dans son histoire. Leo Castelli n'est pas venu à cette exposition. Il en parle dans une autre lettre, reconnaissant une certaine déception, mais confiant, *sans doute le moment de la reconnaissance n'est pas encore venu*. Peut-être ne l'a-t-il pas seulement vécu comme il le dit dans ses lettres. Peut-être, en traversant le Village, longeant l'église polonaise qui, quelques années plus tard, accueillerait le Club 57, a-t-il pensé à l'Europe qu'il avait laissée derrière lui, dans ce pays qui ne savait rien des ruines dans lesquelles la plupart des nouveaux arrivants avaient grandi. Peut-être a-t-il perçu en traversant ces rues peuplées de gens comme lui la fébrilité de son avenir. Au Village, au début des années soixante-dix, tous les lieux devenaient centre de création : une cave était une salle de concert, une bibliothèque, un théâtre de happening, et une église, une maison punk. Peu importait aux promoteurs, la ville tombait en ruines, qu'elle se donne aux peintres ou aux sans-abri ne changeait rien à la dévaluation. Voilà ce qu'était le Village selon le rêve de mon père : des jeunes types du monde entier, des musiciens, des peintres, des poètes, réunis pour boire, montrer leurs travaux, réfléchir face à l'apocalypse et réciter des poèmes. Ils se situaient entre deux vagues, les plus fameux étaient déjà adoubés, les prochains viendraient bientôt. La plupart n'imprimeraient leurs noms dans aucun livre d'histoire. Mais ils devaient être là, pour peupler l'arrière-plan des photos d'époque. Parmi eux, certains témoignent aujourd'hui de leur jeunesse sur internet : *nous ne voulions pas nous prendre au sérieux*, raconte un poète à la crinière blanche et en chemise de bûcheron dans un énième reportage sur le « mythe du Village des années soixante-dix à New York », *nous vivions dans l'Amérique de Nixon, il fallait absolument offrir une ironie dans un monde gorgé de cynisme.* J'ai du mal à croire que mon père ait pu se reconnaître dans cet impératif de légèreté. À lire ses lettres, il semblerait que personne ne l'avait prévenu que dans cette ville, il n'était pas recommandé de se prendre au sérieux.

La police m'a appelée ce matin pour m'informer qu'ils n'avaient pas encore de date de fin d'enquête. Ma mère m'a envoyé de l'argent. Elle n'a pour le moment pas le temps de me rejoindre : « Ce serait tout de même bizarre d'aller m'occuper de ton père, Claude ne comprendrait pas. » Claude ne comprend rien, si ce n'est la petite bourgeoisie dont il applique, avec méthode et circonspection, les règles.

New York, 22 janvier 2002

Réveil avec la jambe enflée, rouge : un prurit après une piqûre d'insecte. Sans doute une araignée, j'en ai vu dans les couloirs de mon immeuble. Peur enfantine ; ne plus pouvoir bouger ses jambes. Je n'avais pas ressenti cette angoisse depuis très longtemps. Depuis ce jour, dans le métro, entre Réaumur et Étienne Marcel, le train s'est arrêté, l'électricité a coupé, nous étions soudain plongés dans le noir, sans explications, pendant plusieurs minutes. J'avais seize ans. J'ai senti une respiration dans mon cou, un souffle sur mes tempes, une main agripper mon bras : l'idée de la mort. La main a commencé à caresser mon sein gauche. Je ne pouvais plus faire un geste. Coincée dans l'obscurité du métro, parmi la foule silencieuse. Mon cœur s'est emballé, une chauve-souris enfermée dans une pièce, cognant contre les murs. La lumière est revenue, la main s'est retirée, j'étais libérée. J'ai observé les hommes et femmes autour de moi, le wagon en était plein, en costume, jogging, parka, caban, uniforme de la RATP : tous gardaient la tête penchée, assis ou debout, l'un tenant un journal, l'autre parlant à un ami. Je ne pouvais savoir quel était celui de l'obscurité. Je suis descendue à la station suivante ; j'ai attendu sur le quai que mon cœur cesse de cogner.

La nuit dernière, une panique semblable m'a attrapée au lit. Je dormais enfin. Et puis, le mort marchant sur les dalles de céramique de Wistariatown. Il traîne ses chaussons sur le sol, fait tomber son pistolet dans le couloir, l'acier du canon résonne sur les tommettes. Clip-clap.

Je dois quitter cette ville.

New York, 24 janvier 2002

Je fête mon anniversaire dans la chambre de Canal Street. Vingt-cinq ans. Un cheese-cake trône sur la table, une framboise de la taille d'un abricot le couronne. Ici, tout est plus majestueux, plus coloré, plus appétissant. Des colonnes de sucre soutiennent la maison de la sorcière dans les bois : *Im Hexenhaus*. Hansel et Gretel n'avaient jamais connu une telle abondance, me racontait mon père au bord de mon lit d'enfant. J'ai vingt-cinq ans et me récite un conte de fées, de forêt, de sorcière, et de sucre. Je suis immature, sans aucun doute. Comme les gens de cette ville qui s'apprêtent bientôt à entrer en guerre. Immature : qui refuse la renonciation de l'âge adulte. Immature : qui s'encombre de bellicisme et d'espoir, deux mauvaises habitudes d'enfance. J'ai pris en photo le gâteau, la bougie allumée plantée dans la framboise, puis l'ai mise en ligne, avec en titre : « Jour de fête à New York ».

J'ai reçu quelques messages d'amis. Felix pense à moi. Pas assez pour prendre le temps de m'appeler.

Après le dîner, je suis descendue dans la foule de Chinatown. Quand la nuit tombe, le froid s'insinue dans les pulls les plus épais, il faut marcher vite, sans savoir où aller, suivre les lumières et les couples pressés. Je cherchais les visages des femmes, leur invraisemblable beauté qui filait dans la brume.

J'observai longtemps le jeu des écureuils parmi les tables de mah-jong. J'achetai pour un dollar dans les boutiques de tout et de rien un automate, un singe, mon signe chinois, dont la tête s'illumine quand il clappe des mains. En remontant, je l'ai pris en photo puis l'ai mis en ligne avec une légende, « Mon premier ami new-yorkais ! ». Il est tombé en rade une heure plus tard.

J'ai dansé : Cure, *Close to me*. J'ai rallumé la bougie à la fenêtre, pour ne pas déclencher l'alarme incendie. L'ai soufflée au-dessus de la rue. Une bière et quelques cigarettes. J'ai savouré la *Fortuna* qui montait d'heure en heure. La *Fortuna* n'est pas seulement une déesse mais aussi un sentiment : hébétude, sérénité. Drogue dure. À l'égal du sucre ou du sexe. J'ai pris un autoportrait sous le ciel de Canal Street. C'était une belle soirée. Un ciel de traîne. Je vis au bord de la mer.

Vers minuit, l'ordinateur a sonné : à côté de ma photo, un nouveau message, Suzanne me souhaitait bon anniversaire. Il m'a fallu une dizaine de minutes pour me souvenir de cette fille : nous étions au lycée ensemble. Elle s'est installée à New York il y a quelques années, et voudrait me voir. Pourquoi pas. La solitude dans cette ville m'est devenue une bulle dans laquelle je me vautre. Je l'appellerai.

AUTOPORTRAIT 4 – Une nuque. L'évidence d'un muscle en V sous quelques mèches foncées. Une nuque, sa vulnérabilité. La jeune fille au chignon. Le classicisme. La jeune fille tenue par la nuque.

Le souvenir. Une nuque à caresser. Le souvenir du désir. Une nuque si fine qu'on se dit qu'elle doit porter une tête étroite et légère. Pleine de rêves de jeunes filles : la liberté, l'amour et le refuge à inventer.

Ou pleine de cauchemars de femme : l'amertume d'un homme, la fin de l'amour, la balle perdue.

New York, 25 janvier 2002

Le policier a appelé pour m'annoncer que la victime souhaitait me parler : « Mrs Samson sortira de l'hôpital la semaine prochaine. Elle ne peut pas lever le bras pour l'instant. Elle a du mal à comprendre ce qui a eu lieu. Elle dit qu'il n'était soudain plus le même. »

Mrs Samson. Je dois l'écrire plusieurs fois, Mrs Samson, Mrs Samson. Ne pas retenir son nom, c'est l'effacer et poursuivre ce qu'a fait mon père en la frappant ce jour-là, la diminuer. Le policier m'annonce qu'elle parle français : elle est québécoise, venue dans ce pays à vingt ans. Pour l'amour de son premier mari, l'éleveur de chevaux. Que d'amour dans la vie de cette femme.

Elle attend mon appel.

Le policier juge qu'il est de mon devoir de l'appeler. L'enjeu, m'explique-t-il, c'est aussi le procès. Il est possible qu'elle porte plainte.

Je ne comprends pas bien comment Mrs Samson pourrait intenter un procès à un mort.

Mrs Samson a soixante-neuf ans, neuf ans de plus que mon père. Elle a déjà enterré un mari. Elle se voit veuve pour la deuxième fois. Mrs Samson a soixante-neuf ans, et une épaule inerte.

Il faudra peut-être lui mettre une prothèse, me précise le policier.

Le badigeon de la honte n'en finit pas de couler entre mes omoplates.

Je vais appeler Mrs Samson, et lui dire, *je suis désolée, mais je ne suis pas la gardienne de mon père.*

DEUXIÈME PARTIE

New York, 26 janvier 2002

Je marche vingt-neuf minutes contre le blizzard pour rejoindre un bar doré près de l'Hudson, un peu bal russe, un peu fête underground : la Pulcheria apparaît comme un petit miracle quand on vient du froid. Il semblerait que rien ici n'empêche la jeunesse de se retrouver. Par la vitrine, des jeunes gens en bonnets et manteaux longs : je suis accueillie par leurs cris, leurs haleines, leurs voix grasses et la lumière électrique qui les fait blafards. Je m'installe dans un coin, près de la vitrine, pour attendre Suzanne.

Je suis cette jeune femme dans un bar new-yorkais qui retrouve une autre jeune femme pleine d'avenir. Hors de la détonation qui claque dans la maison des bois. Hors des coups qui s'abattent sur l'épaule d'une vieille femme. Suzanne arrive, m'embrasse comme si nous nous étions quittées la veille. Une mèche rose traverse son front et ombrage son œil droit. Elle a acquis une sensualité que n'altère plus la gaucherie de l'adolescence. Je l'observe commander sans accent et l'envie. Pour le désir qui dut préfigurer sa métamorphose américaine et qui triomphe dans ses joues pleines et ses bras musclés.

Suzanne était une présence souriante de mes années d'école. La jeune fille appliquée à côté de qui je m'assieds pour son silence, et le parfum de clémentine de ses cheveux clairs. Je ne m'intéressais pas vraiment à elle à l'époque. Pas autant qu'elle l'aurait voulu. Je demeurais auprès de ceux qui occupaient le centre des regards. J'ai toujours aimé observer la lumière se poser sur un groupe, ou un individu. J'avais peu d'intérêt pour les marges. Suzanne ne prenait pas la lumière. Elle parlait bas, longeait les murs, s'asseyait en milieu de classe. Avec moi, elle croyait avoir trouvé une amie. Lorsque nous étions seules, nous pouvions rire et discuter longtemps, mais dès que nous étions en public, je l'ignorais. Elle me laissait des mots dans mon sac à dos, m'attendait à la sortie des cours. Je paniquais face à cette affection de brave bête, feignais de la connaître à peine. Je craignais que les autres remarquent qu'elle se collait à moi. Voire, pire, qu'ils m'assimilent à cette fille de l'ombre. J'ai fini par la mettre à distance. Elle s'est lassée, a trouvé d'autres amis. Enfin, je crois. Un jour, j'ai appris qu'elle était partie vivre ici. N'ai pas compris comment une fille si timide pouvait oser un tel pari. Puis je l'ai oubliée. Jusqu'à aujourd'hui.

Elle ne semble pas m'en vouloir. Je devrais peut-être m'excuser, lui dire que j'étais une sacrée teigne à l'époque. C'est le mot du directeur d'une agence photos, le mois dernier, qui refusait de m'embaucher : « Nathalie, tu peux te révéler une telle teigne avec les clients. » J'ai cru qu'il me draguait, mais non, il pensait ce qu'il disait. Tout ça pour une affaire d'actrice que j'avais photographiée et qui me demandait de retravailler les clichés un à un pour lui enlever une vingtaine d'années, et les marques laissées par la chirurgie et la cocaïne sur son visage. J'avais refusé, elle m'avait appelée en pleine nuit pour égréner les noms de ses amis patrons de presse et ministres qui pourraient signer la fin de ma carrière. J'avais menacé ses agents de balancer son message à un magazine people. Une teigne ? Peut-être, oui, de ces chenilles qui mordent les peaux laiteuses. De ces papillons sans grâce qui sont fascinés par la puissance des autres, sans être capables de l'atteindre. De cette nature rampante qui ne veut pas s'encombrer d'une copine fragile et silencieuse, parce qu'elle lui ressemble trop. La teigne a ses raisons, comme tout le monde.

Mais aujourd'hui, j'écoute ma vieille amie Suzanne. La teigne n'a aucune envie de rentrer chez elle. Suzanne zozote légèrement, comme lorsqu'on avait treize ans. Je trouvais ça ridicule, j'étais stupide : elle retient son enfance au bout de la langue. Nous parlons et buvons, les premiers flocons tombent de l'autre côté de la vitre.

Prince envoûte les lieux avec *Joy in repetition*, les filles se mettent en tee-shirt pour danser sur le béton lisse de la Pulcheria, je recommande deux vodkas citron vert.

Suzanne raconte :

« La boutique où je travaille à Soho est toute la journée assaillie par les clients. Sur trois étages, jeans, shorts, tee-shirts et sweat-shirts dictent la sobre élégance, le *casual friday* d'une société new-yorkaise qui joue le chic en pantalon de toile. Nous sommes une dizaine de vendeurs : à part moi, ils sont tous plus ou moins acteurs ou mannequins venus du monde entier. Je n'avais aucune expérience, j'ai été prise au premier coup d'œil. Les managers s'appellent Chris et Diana : l'un épais et trapu, mains douces, paroles chuintantes, l'autre rachitique, bronzée, colérique. L'un religieux, l'autre opportuniste. Deux absolus connards. Ils consacrent leurs journées à s'affronter pour prendre la direction du magasin. Chaque matin, on se réunit un quart d'heure avant l'ouverture, pour accueillir leur *morning briefing*. Chris invoque ses valeurs, l'histoire de la marque, les premiers colons, ce coton de notre terre devenue l'empire d'aujourd'hui, puis fixe les objectifs du jour. Diana parle d'elle, de ses difficultés à l'école, de sa rage de s'en sortir, de la possibilité, *for all of us*, d'atteindre ses objectifs, à la force du poignet, puis nous annonce que des vendeurs ne seront pas gardés à la fin de la journée. On applaudit, rejoint notre place. Personne ne se permet une blague. Les objectifs sont payés à la fin de la journée. »

Et puis comme ça, Suzanne me fait remarquer : « Chris ressemble à l'un de ces animaux rigolos que dessinait ton père pour nous faire rire quand on était gamines. Mr Fouine. »

Mr Fouine ; il avait collé sa tête de hamster teigneux sur la porte de ma chambre. Je l'avais gardé jusqu'à mes dix-huit ans, pour amuser les amis qui passaient.

Il a pris le temps de charger le pistolet dans le salon, avant de s'enfermer dans son atelier.

« Dans les vestiaires, Chris est la tête de con, sur qui tout le monde se défoule. Diana moins, mais personne ne lui fait confiance. Elle est la fille du patron new-yorkais : là parce qu'incapable d'être ailleurs. Ils m'ont placée à l'entrée, en hôtesse orientant les clients, je répète les mêmes mots en boucle : *Women upstairs/Men downstairs.* »

Je demande à Suzanne comment elle tient toute la journée. Se dessine sur son visage un sourire condescendant.

« Il faut bien bosser. Le boulot ne serait pas fatigant, pas tant que ça du moins, s'il n'y avait pas la musique. Elle tourne dans une enceinte installée au-dessus de moi : cent fois, le même refrain de *Music*, cent fois la même invitation de Madonna, *put a record Mr DJ*, cent fois la même promesse de danser toute la nuit, qui finit par agir comme une perceuse déclenchée à quelques millimètres de mon tympan. L'autre jour, je me suis décalée, pour m'approcher du mur de sacs à dos qui étouffait un peu le son. En moins de trois minutes, Chris est venu me voir, et m'a demandé de revenir au centre. Il m'a expliqué sa loi des trente-cinq centimètres : si tu sors de ton cercle, la symétrie du magasin en est complètement transformée : on n'a pas envie de ça, non ? »

Suzanne était la meilleure de la classe en sciences naturelles. Elle nous infligeait des exposés sur le péril qui guettait les coraux ou la reproduction des arbres. Tout le monde pensait qu'elle deviendrait botaniste ou un autre boulot scientifique qui la fascinait. Pas vendeuse de tee-shirts sur une belle avenue de Manhattan. Je lui demande ce qu'elle a fait comme études, elle hausse les épaules, « ça a été compliqué cette période de ma vie ». J'avais entendu parler à l'époque d'une histoire d'amour, ou de drogue. Elle n'en dit pas plus. Je finis par lui annoncer la mort de mon père, elle pose la main sur sa bouche : « Mais pourquoi tu m'as laissée parler sans rien dire ? Je me sens conne. » Elle cherche à comprendre, je lui parle d'un accident cardiaque, d'une vie sans histoires, de la réussite de son art, de la dernière conversation que nous avons pu avoir à l'hôpital. De sa main dans la mienne sur le lit, de l'amour qui nous liait et de nos adieux déchirants. De la fierté d'avoir eu un père comme celui-là. Un grand artiste. Un aventurier de l'esprit. Un homme fidèle à sa ligne, toute sa vie.

Elle murmure, « Quand il venait te chercher à l'école, on était toutes dégoûtées de ne pas avoir un père comme le tien. Il était tellement cool ».

J'ai souri, n'ai rien ajouté. Il a cessé de venir me chercher à l'école à la fin du primaire : sous le chêne des Tuileries, l'image gracile du jeune père s'échappe.

Se pointe dans notre bar l'ombre d'un vieux recroquevillé, tenant un flingue à la main, cherchant sa proie.

Il a reposé l'arme et l'a laissée en évidence dans le salon.

J'ai la nausée après nos deux vodkas, je descends aux toilettes du bar, vomis et reviens. Je ne savais pas qu'il était si facile de feindre.

Elle me propose de la retrouver pour un verre demain soir avec ses copains de la boutique, au même endroit, « Tu ne dois pas rester seule dans des moments comme ça ». J'accepte. Je ne sais pas si elle sent ma panique. La poisse qui supplie, comme chez les personnes âgées dans les files des magasins, qui cherchent à accrocher votre regard, pour échanger ne serait-ce qu'un mot dans une journée muette.

Avant de quitter Suzanne sur le trottoir, je lui demande si je peux la photographier. Elle accepte et retire les deux écharpes qui la protègent du froid.

Elle est une flamme bravant le blizzard de la ville.

Lettre d'Arno Glück, New York, janvier 1972

Hier soir, dans un vernissage, on m'a présenté un peintre allemand, un peu plus âgé que moi, qui fait des collages, des formes et des corps découpés. Un ami commun a jugé que nos travaux étaient proches. Ce que je ne comprends pas, je trouve ses toiles sans grande imagination, et s'il a une maîtrise technique indéniable, il y a une forme de flottement dans son travail qui le rend assez superficiel. Il n'a aucune idée de l'ordre qui prémédite à la composition d'un grand format. De la présence-absence, au-delà de la représentation des corps, qui peut apparaître sur de telles surfaces. Mais tu dois me trouver encore poseur. Comme tu disais dans ta dernière lettre, « ta prétention naturelle »*. J'ai envie de croire que c'est un compliment.*

Le peintre allemand a accueilli avec intelligence mes remarques sur sa peinture : nous avons parlé pendant plus d'une heure de couleurs, de matières. Je lui ai demandé pourquoi il n'avait pas été là, deux jours plus tôt, pour l'inauguration de la galerie Parson. Après un silence, il m'a répondu qu'une amie était morte ce soir-là. Puis il a recommandé un verre, m'en a offert un, et a reparlé de son travail. Il n'était en proie à aucune émotion, ne semblait même pas ébranlé. Il était tout au prochain tableau sur lequel il travaillait. Tu peux trouver le type monstrueux, dépourvu d'affects. Comme si l'affect était la vérité, comme si l'affect était la logique, comme si c'était seulement à soi qu'il fallait être fidèle, à soi et aux siens. Comme si l'idée de l'art ne méritait pas elle aussi une loyauté. Mais tu peux aussi entendre l'autre ligne morale que je découvre ici. Cette ligne n'est pas moins exigeante que celle du clan. Pas moins digne de sainteté.

Le peintre allemand m'a quitté à trois heures du matin. Il avait rendez-vous le lendemain avec un galeriste. Je lui ai dit que je restais disponible s'il souhaitait parler, ou s'il voulait que je lui présente deux, trois personnes dans cette ville. Il m'a regardé étrangement. Il n'était pas ivre, il est de ce type d'hommes qui ne l'est jamais. Il m'a donné son adresse à Berlin, m'a proposé de passer un jour chez lui pour prolonger « notre belle conversation ». Je le ferai peut-être, qui sait ? Il s'appelle Gerhard Richter, vit en banlieue de la ville.

New York, 28 janvier 2002

Dans le bar, ce soir, Suzanne me présente à sa bande de la boutique : *Nathalie, une vieille copine d'école, elle vient de perdre son père, elle n'a pas trop le moral.* Face à moi, Will, grand type à crâne rasé et yeux verts, Mary, Nigériane aux jambes interminables, Sweetie, Coréen aux mains de lanceur de poids et aux traits de James Dean, Billy, venu de quelque part dans le Midwest, où il ne retournera jamais. Ils n'ont rien à envier aux modèles affichés par la marque pour laquelle ils travaillent, ces visages nus, roux, mats, intacts, afros, wondergirls et boys de l'Amérique post-wasp, de la société-monde irrémédiablement jeune et victorieuse. J'apprendrai que ce sont parfois les mêmes, mannequins pour une campagne une année, vendeurs de shorts à Soho la suivante. Leur vie se fonde sur des oscillations, *up and down*, seules la coke et la fête, la fête et la coke, permettent de tenir sur le fil qui vacille, comme tiré par la main d'un enfant méchant. J'écoute cette bande joyeuse rire, se plaindre, tailler le portrait de leurs managers. Leurs histoires sont toutes plus ou moins semblables :

la rupture avec les parents, le départ, les ambitions, les amours, les chambres étroites. Les « plans » pour trouver de l'argent : les castings, les soirées, les petits théâtres, les boutiques, les bars où l'on dépanne. Le mot prime, « on dépanne ». Si l'un faillit, un autre vient le réconforter, et lui raconter l'une des légendes qui courent dans les sous-sols de la ville : Julia Roberts ne vendait-elle pas des pizzas, le jour où le producteur qui allait devenir son mari est entré, *par hasard*, pour commander une quatre-fromages ? Et le menuisier, Harrison Ford, ne s'est-il pas présenté à une audition pour accompagner un ami ? George Clooney n'avait-il pas été aperçu à quelques blocs d'ici, dans une boutique Prada, à ajuster des sandales en croco verni sur des pieds essorés par les étés new-yorkais ? Tommy Lee n'avait-il pas été *go-go dancer* à trois blocs avant de négocier ses cachets en millions ? Maggie Taylor n'avait-elle pas été repérée lorsqu'elle vidait des corbeilles à Wall Street ? À les écouter, pas une star de ce début de siècle n'aurait évité leur condition : *up and down*. Les sous-sols des bars s'érigent purgatoires de la reconnaissance.

C'est là qu'ils combattent l'amertume, avec un mélange de souplesse et d'indifférence qui leur fait une allure. De verre en verre, ils parlent moins et dansent plus. Mary embrasse Will. Les deux me demandent ce que je fais : « photographe ». Ils veulent savoir si je gagne ma vie comme ça, « je travaille pour des magazines, des quotidiens, je m'en sors ». Je leur décris mon studio à Paris, derrière une place que l'on appelle la République. Seule, oui, je vis seule. Un choix ? Je ne sais pas, je ne crois pas. Ils vivent tous à cinq ou six dans des appartements loin de Manhattan. Ils ne comprennent pas bien la solitude. « J'ai eu des histoires d'amour, oui, mais rien depuis un an. » Ils me regardent sans comprendre : « Tu veux dire, tu n'as eu aucune relation avec personne depuis un an ? » L'idée que j'aie pu demeurer abstinente une année entière leur paraît aussi incongrue que si je leur avais révélé qu'une de mes jambes était en titane. Je ne parle pas de Felix, avec qui je passe la nuit régulièrement, ne saurais pas quoi dire sur un ancien amour qui accoste dans ma vie par intermittences, et qui refuse d'en sortir. Felix et moi nous tenons sur le sillon du ferry qui emprunte le chenal, incapable de rentrer au port, ni de disparaître à l'horizon. Je leur montre des photos de mon petit basset artésien, ils s'esclaffent, « c'est une charmante petite saucisse ». Je n'ai pas pris de nouvelles de Sunny depuis que je suis ici ; me demande soudain si je lui manque, si elle me réclame dans son chenil. Et cette pensée, en pleine fête, m'afflige.

Au bout de trois margaritas, je peine à suivre les conversations. Suzanne ne me parle plus, toute à Sweetie et à ses fossettes creusées dans le menton. Je vais danser, seule, au centre du bar. Will me rejoint, frotte une joue râpeuse contre mon front, passe un bras sous mon pull, ses doigts remontent le long de mes vertèbres : il a fait sans doute ces gestes plus de mille fois mais je m'en fiche, j'aimerais poser ma tête dans son cou. Je le repousse, balbutie trois mots, file aux toilettes. La teigne reprend le dessus. Je quitte le bar sans leur dire au revoir. Dehors, je me trouve si stupide que je pourrais m'étrangler. La tequila cogne sous mon oreille gauche. Sur le trottoir, se croisent des silhouettes pressées par le froid et le vent, je me place parmi elles et me laisse emporter. Leur mouvement m'apaise.

Arrivée sur Canal Street, je monte dans mon studio, prends mon appareil photo et repars : je retourne en courant jusqu'à la Pulcheria et guette mes camarades de fête. Depuis le trottoir d'en face, accroupie derrière une poubelle, je saisis leur image, marchant ensemble vers une nouvelle soirée de bouteilles colorées et de promesses d'aube.

Le profil de Will : une nuque haute, un bonnet qui épouse l'arrondi de son crâne, et des épaules qui semblent prêtes à délivrer une tendresse au premier venu.

Résolution du jour : devenir la première venue.

Image : Soirée à New York

Une rue éclairée par le halo d'un bar : les passants se retournent sur une bande chantante et riante, en blousons de cuir, talons hauts, bottines ou escarpins vernis, jeans découpés et brodés, shorts de skaï, boléros de soie, cravates noires et blanches... Hommes et femmes, hommes ou femmes. Tout pour se faire voir, dans cette ville où on ne sait plus voir. Saturés de gloss, saturés d'extravagance, saturés de désirs. Le mythe de ce trottoir est le seul qui parle au monde entier. Ils bousculent les passants. Se croient éclipses ou aurores boréales. Ils le sont ce soir. Nuée traversant la ville. Exotique et éphémère.

Avec le policier, salle d'attente de Wistariatown

— Aux alentours de vingt heures, Mrs Samson a entendu du bruit dans l'atelier, alors qu'elle croyait votre père endormi pour la nuit. Il aurait quitté son canapé à ce moment-là. Seulement, selon Mrs Samson, il ne l'a pas rejointe avant vingt heures trente. Qu'a-t-il fait ? A-t-il tourné en rond ? Il n'a pas peint ni dessiné. Est-ce qu'il a téléphoné à quelqu'un ? Mrs Samson n'aurait pas entendu précisément la conversation s'il y en avait eu une, puisqu'elle était devant la télé. Et nous n'avons pas accès aux relevés téléphoniques de votre père, car, étrangement, il avait gardé un abonnement français depuis les huit années qu'il vivait dans ce pays. Qui appelait-il en France ?

— Je ne sais pas. Je ne suis pas sûre qu'il appelait beaucoup de gens, à part moi.

— Il vous appelait souvent ?

— Oui, toutes les semaines.

Parfois pour ne rien dire, ou presque ; *l'été est sacrément chaud ici, chez vous aussi ? J'ai vu qu'il pleuvait à Paris depuis trois jours, ce doit être inondé dans ta petite rue, non ? Tu sais qu'ils reprennent ici l'expo* Impressionnistes *pour la troisième fois. J'ai lu ce matin dans un livre que Courbet était à l'époque traité d'obscène par la haute société new-yorkaise, tu te rends compte, ma loulette ?*

— Lorsqu'il est ressorti de son atelier, Mrs Samson lui tournait le dos, elle parlait au téléphone avec une amie malade, qu'elle devait rejoindre pour passer la nuit auprès d'elle. À la démarche de votre père, rapide et lourde, elle a tout de suite compris que ça n'allait pas. Il s'est placé derrière elle et a commencé à murmurer, « Tu n'as rien d'autre à faire qu'écouter les gens ne rien dire ? ». Mrs Samson s'est éloignée à l'autre bout de la pièce, toujours au téléphone. Il a allumé la télévision, a regardé quelques secondes un talk-show sur des couples qui parlaient de leurs difficultés au quotidien, a éteint. Selon Mrs Samson, votre père peinait à regarder la télévision ces dernières semaines. Oui, même des films. Oui, même écouter la radio. Il devenait peu à peu incapable de se concentrer sur autre chose que ce qui tournait dans sa tête. Est-ce qu'il avait déjà connu de tels épisodes lors de votre vie commune ?

— Non. Il ne s'intéressait pas aux infos, à la politique, mais il adorait les vieux films : il avait même installé un vidéoprojecteur dans notre salon.

Chaque dimanche en fin d'après-midi. Sauf imprévu, haute toile à poursuivre, ou à brosser avant que l'idée ne disparaisse. Sinon, le rituel était respecté. Nous en avions si peu : aucun déjeuner familial, messe, ou rendez-vous sportif. Les amis occupaient les soirées, mais jamais le dimanche. Demeurait le cinéma. Mes parents préparaient un goûter de brownies et de fruits. Mon père déroulait l'écran, ma mère éteignait la lumière. Le ronronnement sourd s'élevait dans le salon. À l'époque, il n'y avait ça chez personne, c'était très coûteux ; mon père, pour certaines choses, trouvait miraculeusement l'argent. J'apprendrais plus tard que ce miracle était une cagnotte familiale dans laquelle il puisa, jusqu'à ce qu'au cours de mon adolescence il découvre la cagnotte vide. C'était ainsi que mon père concevait l'argent : une eau jaillie d'une source au fond du jardin pour arroser quelques lubies.

Commençait le film. La préférence de mes parents allait au cinéma muet ou aux polars américains des années cinquante : en noir et blanc, des figures filmées en gros plan, des femmes comme je n'en avais jamais vu, des pupilles immenses, des sourires extatiques, des fêtes grandioses, des courses de voitures, de trains, d'avions, des champs et des océans, des navires qui coulaient, des hommes qui offraient des ballons à des petites filles, des prêteurs sur gages hantés par leur passé, des coupes de champagne où flottaient des yeux, des pianistes alcooliques qui étranglaient des femmes hautaines, des dragons reclus dans des grottes, des chambres sombres où luisaient des lames, des adieux sur des pistes d'aéroport, des joueurs de cartes aux mains tremblantes, des fêtes foraines peuplées de femmes en sueur, un âne qui était un saint, un saint qui était un prophète, un prophète qui parlait aux oiseaux.

Chaque dimanche, un, deux films, le jus d'orange, le gâteau au chocolat. Les parents riaient quelquefois, sinon personne ne parlait, les yeux fixés sur le grand écran tiré du plafond de la rue de Rivoli. Assise entre mes parents, je demeurais concentrée, guettant chaque scène et tentant de la déchiffrer. Après le film, mes parents se lançaient dans de longues discussions sur tel acteur, telle lumière, tel gros plan, débattaient parfois toute la soirée des *aléas esthétiques du film,* de sa *possibilité de chef-d'œuvre,* de sa *manière de rompre avec Hollywood* ou de l'*évidence spectrale de la fin*.

J'entends cette nuit le projecteur qui grésille, comme, certains soirs, lorsque nous oubliions de le nettoyer après la fin du film : la poussière venait couvrir les images d'une brume orange qui adoucissait les visages issus de l'obscurité. Ces créatures pittoresques semblaient alors pourvues d'une brusque humanité : on eût pu les croire prêtes à se tourner vers nous, et à nous accueillir dans leurs fêtes tremblantes.

Lettre d'Arno Glück, New York, janvier 1972

Depuis ta dernière lettre, Jean-Luc, je me réveille avant l'aube. Et comme je ne peux pas peindre sans lumière, je cours. Je descends dans les rues, me faufile parmi la première foule du matin. Peu à peu, je parviens à surmonter ce que tu m'annonces sur l'état de mon père. Les trois mois que lui ont donnés ses médecins. Trois mois pour un homme qui a si peu agi dans sa vie doivent sembler longs. Ne crois pas que je juge mon père, je ne chercherai jamais à le faire, j'ai tourné le dos aux sentences et aux jugements depuis que je suis ici. Mais comment va-t-il occuper les derniers temps de son existence, lui qui a passé soixante-quinze ans à ne rien faire ? Relire Yeats peut-être. Regarder par la fenêtre la forêt de Rambouillet. Parler à ses amis jésuites. Ne me crois pas mauvais, Jean-Luc, je le connais assez pour savoir ce qu'il ressent. Lorsque je courais ce matin, je repensais au petit salon de la rue Saint-Honoré. La pièce aux tentures écossaises et fauteuils crapauds en velours moiré. Mon père y lisait toute la journée ou presque. Et le soir, on s'y retrouvait en famille. J'ai assisté dans cette pièce à la manière dont mes proches laissaient s'écouler leurs heures, leurs paroles, leur argent, dans le minuscule trou de leur perspective. Ma colère est née dans cette pièce, au sein de mon silence contraint, entre mes grands-parents, ma mère, mes frères et sœur, au cours de ces heures à ne parler de rien, sinon du bien, enfin des biens, car là d'où nous venons, l'un ne va pas sans les autres : le bien que l'on professe et les biens que l'on peut arracher, gratter, toujours gratter, en vue de la préservation, de la possibilité de maintenir un patrimoine à flot. Depuis ta dernière lettre, je descends dans les rues de la ville et pense au temps passé sur le fauteuil crapaud de la rue Saint-Honoré à écouter parler ma famille, alors que je n'entendais rien, sinon un essoufflement qui préfigurait la mort. Parfois, ne tenant plus, l'un se levait et criait, ma mère, ma grand-mère, mon frère, ma sœur ou moi, nous avions tant de gémissements en nous, il fallait évacuer la pulsation du ventre qui agitait le corps à tout-va. Crier, au nom d'un prétexte futile. Puisque le sexe était hors de propos. Puisque le plaisir était évacué. Puisque le sens était vendu au plus offrant. Une crise de rage dans le petit salon, et c'était terminé. Nous nous rasseyions, nous nous imbriquions dans la position initiale, vouée à la préservation. Voilà ce qu'a été la vie de mon père. Ce que devait être la mienne.

Sans doute est-ce là ce qu'Artaud désigne comme « le terrible coup de boutoir de cette force d'inertie », ne crois-tu pas ?

J'ai deux grands formats dressés dans ma chambre. Ils sont suspendus à un mouvement qui ne vient pas. Alors, le matin, la nuit, je cours dans les avenues, et je crie.

New York, 1er février 2002

« Je pensais bien que vous alliez m'appeler. Je n'imaginais pas que vous ne le feriez pas. » Mrs Samson a une voix douce et sèche, comme une vieille serviette de bain avec laquelle elle me gifle de droite à gauche. Et puis elle jette un silence qui me laisse me débattre. Je lui demande comment elle se porte, « C'est douloureux ». Nouveau silence. Je lui demande si elle sortira bientôt de l'hôpital, « Oui, je me rends demain dans un centre de rééducation ». Une eau glacée monte entre nous. Je sens que s'y niche une pieuvre. « Je suis désolée de ce que mon père vous a infligé. » Nouveau silence. « Je ne comprends pas ce qui lui a pris. » Silence. « Je ne comprends pas comment il a pu en arriver là. » Silence. Elle finit par répondre : « Votre père m'a raconté sa vie, il me l'a racontée trois ou quatre fois, nous parlions beaucoup vous savez. »

Elle deviens à chaque mot plus sourdement agressive. J'aimerais lui dire, mais enfin, madame, calmez-vous, pensez à votre blessure ! Ou peut-être à la mienne, pensez à ma blessure, qui se creuse depuis trois semaines, dans ce pays absurde, où les gens sont si offensifs, comme si tous se tenaient désormais prêts à entrer en guerre. Sauf moi. Je viens d'un pays de châteaux et de pluie où personne n'a été formé à l'attaque, ou à la défense. Je viens d'un lieu où la violence n'est que le souvenir de la violence.

« Mon père n'avait jamais frappé personne avant vous. » Cette phrase sonne bête et méchante, excuse à l'inexcusable. Mais elle récolte un étrange bénéfice chez Mrs Samson. « C'est vrai ? Je devrais être flattée alors. » Elle émet un minuscule rire qui pourrait aussi bien être un sanglot. Puis elle ajoute, « Moi non plus je n'avais jamais été frappée par personne. J'ai tout de suite su, dès qu'il m'a touchée, que tout était fini entre nous ».

Je ne m'y attends pas et bégaie légèrement :

— Croyez bien vraiment que je suis absolument désolée de ce qui vous est arrivé, et si je peux faire la moindre chose pour vous aider, je le ferai.

— Vous êtes en ville ?

— Je dois rester à New York, le temps de l'enquête.

— Alors venez me voir.

New York, 2 février 2002

Take the A train, chantait le jazzman dans le salon de mon enfance. Cette nuit, dans mon casque, le train me mène au pays des silhouettes de fête foraine, où l'on glisse le visage dans le cercle et sourit à l'objectif.

J'entends cette nuit les voix des maîtresses de mon école primaire, Sainte-Blandine : *cette petite a un père artiste, mais elle n'en parle jamais. Elle dit à qui veut l'entendre qu'il est pâtissier ou fromager, n'est-ce pas étrange ?* Elles oublient que l'art de mon père est pour moi un lieu de grandeur et de sacrifice, que je ne me sens pas prête à rejoindre. Elles ignorent aussi qu'à six ans, je ne saurais définir le métier de mon père, et que j'adore le camembert et les éclairs au chocolat. Mais alors quoi, la petite est-elle idiote ? Non, elle a simplement envie de passer inaperçue. Nulle en maths, peu intéressée par la lecture, semble toujours distraite. Oui, mais capable de regarder. Surtout la vie des autres. Leurs disputes, leurs fuites, leurs amours, leurs combats. Drôle de talent qui n'en est pas un. Je l'ai appris à Sainte-Blandine. Je n'osais pas trop parler à cette époque-là. Dotée d'une timidité que personne ne cherchait à guérir. Je n'avais aucune raison de fréquenter cette école primaire catholique de la rue de l'Arbre-Sec, près des Halles : un seul bâtiment à la porte bleu vif réunissant toutes les classes de primaire. Une seule ligne pour les enfants en tablier vichy : grandir dans la joie de Dieu.

Qu'est-ce que je faisais là ? Une lubie de mon père. L'une des rares qu'il eut pour mon éducation. Il laissait à ma mère le soin de décider du reste, mais lui avait choisi l'école. Chez les sœurs. Son école. Là où il avait passé, disait-il, les meilleures années de son enfance, avant d'être envoyé en pension. Je n'étais pas baptisée. Pour entrer à l'école, mon père avait demandé à un copain peintre, qui fréquentait une église à Romainville, de nous délivrer un certificat de baptême. Pas bégueule, Sainte-Blandine me prit avec ce document vite rédigé. Pour le reste, c'était à moi de me débrouiller parmi les sœurs. J'ai été heureuse dans cette école. Parmi ces gens avec qui nous partagions si peu. Même pendant ces heures où j'attendais, seule dans la cour, la fin des messes, je n'aurais pas échangé ma place avec une autre. J'ai appris à Sainte-Blandine la sérénité des communautés apaisées. J'ai lu la Bible, aimé ses paraboles : les pêcheurs, la brebis perdue, le bon Samaritain. J'ai été une championne de courses en sac, et de jeux de billes. Tout ça était si loin des discours de mes parents, de leurs espoirs, de leurs combats, de leurs solitudes. Des jours de création et de l'excitation des soirs de vin blanc. De leurs disputes, les premières. Certains matins, je collais mon oreille à la chapelle de l'école, pour écouter chanter les enfants qui préparaient leur communion. Je dérobais des images et des sons de leur culte. Dans l'entrebâillement de Sainte-Blandine, j'ai trouvé un premier compromis avec l'existence.

Le mirage de Sainte-Blandine palpite au loin dans l'Atlantique. Je suis Eugénie, Constance, Armelle en déguisements de princesse ou blouses à carreaux. Non. Je ne suis pas de celles-là. Je suis la fille qui ne part pas en vacances, parce qu'août est un moment privilégié pour la création. Je suis cette enfant qui guette la fin de l'été, espérant retourner au plus vite à l'école apprendre le solfège, le latin, l'anacoluthe et le théorème de Pythagore. Mais jamais à travailler de mes mains, ou à concevoir le manque, ni la peur. Je suis cette enfant qui, lorsqu'elle rentre chez elle, accepte que son existence soit vouée à attendre que son père achève ses immenses toiles qui ne représentent rien, sinon une explosion de couleurs, sans direction ni promesses. Des toiles que l'enfant ne parvient pas à trouver belles, du moins pas autant que le chœur de ses amis dans la chapelle. Mais l'enfant ne doute pas qu'elle est née pour préparer le succès de son père, dans l'ombre d'une chambre où elle ose, parfois, rêver d'arpenter montagnes et océans. S'enfuir, quelques semaines, pour voir autre chose. Mais revenir, toujours revenir.

AUTOPORTRAIT 5 – Une main et un poignet dépassant d'un drap. On suppose un corps endormi, dans une chambre. Le lit est parsemé de lettres et de paquets de cigarettes, et d'un journal en similicuir noir, gris scintillant, ouvert et couvert d'écriture. Simplement le poignet, fin, dont les os se dessinent sous une peau claire. La personne étire son bras en dormant, au gré d'un rêve fantasque, qui ne peut être que lumineux. Elle a réussi à dormir plus de trois heures d'affilée ; la paume s'ouvre comme un dahlia à la première pluie.

New York, 4 février 2002

Je ne supporte plus la peinture. Ni les tableaux, ni la matière. C'est un peu stupide de l'écrire si abruptement, mais comme dirait mon père, soyons honnête. Le musée se révèle pour moi semblable à l'église pour ceux qui ont perdu la foi : un lieu lointain et familier, dont l'idée de franchir le seuil fait naître en moi une répulsion instinctive, et difficile à avouer.

C'est même un peu plus animal que ça ; lorsque je longe des immeubles en travaux et les seaux des peintres, l'odeur me donne la nausée. J'entends la cohorte d'idées simples chanter derrière mes phrases : théorème de l'enfance, trauma de la térébenthine, désir refusé du père. Peut-être. Mais peut-être que non. Peut-être que je suis née en portant le dégoût à venir, comme d'autres ne peuvent plus à trente ans bouger leur orteil gauche, ou se tenir sur une jambe plus de vingt secondes. J'en ai vu des tableaux au cours de ma vie, plus que la plupart des gens. De toutes les couleurs. De tous les temps. De tous les formats. J'accompagnais mon père dans les musées de Paris, nous marchions au Louvre, à Orsay, à Pompidou, avancions à pas rapides, il choisissait quelques œuvres qu'il commentait longuement, ou qu'il observait sans un mot. Derrière lui, je m'extasiais. Je sautillais, m'esclaffais, récitais ce que je savais de tel peintre de la Renaissance, de cet Yves Klein dont on parlait trop, de ce Matisse qui avait compris tout avant tout le monde, de ce Van Gogh dont il valait mieux ne rien dire, j'ânonnais et m'ébattais en petit singe domestiqué. En l'accompagnant, je pensais sans doute mieux comprendre ce qui occupait le temps et l'esprit de mon père. Je ne crois pas y être parvenue. Je l'écris ici, comme je le chuchoterai à un ami la nuit. Je n'ai jamais vraiment compris ce qu'il cherchait à définir dans ses tableaux. J'avais beau me concentrer, regarder et encore regarder ses œuvres, je n'y discernais rien de plus que des couleurs qui criaient à la surface.

Sauf une fois, lors des *Sylphides*.

J'avais treize ans lorsqu'il nous présenta cette nouvelle série, réalisée au cours d'un premier congé sabbatique. Il avait posé quatre mois, ma mère en avait été affolée, mais demeurait le fond de la cagnotte qui nous permettrait de tenir. Mon père, lui, n'osait croire à sa propre audace : quatre mois entiers pour se consacrer à son art. Il avait commencé à peindre dans une euphorie qui, chaque soir, illuminait nos dîners. Il n'était plus harassé par son quotidien double, d'interprète et d'artiste, qui le rendait ces derniers temps apathique. Au contraire, il se révélait joyeux, blagueur, intarissable, et nous servait ses histoires de peintres que nous adorions : c'était la vie de Manet, les caprices de Vinci, la solitude de Bacon, l'enfance de Dalí. Ma mère et moi en redemandions. Peut-être nous persuadions-nous qu'il avait enfin atteint le juste moment qui lui permettrait d'accomplir cette « percée », disait-il, vers la reconnaissance. Peut-être étions-nous de pauvres autruches qui enfouissaient la tête dans le sol de la rue de Rivoli, au rythme de Leonard Cohen et de Nina Simone.

Sylphides : cinq hautes toiles blanches, rouges et noires, saturées de formes. Un combat de traits suffocant mais léger ; des gladiateurs se battant sur l'eau. Les *Sylphides* maniaient les contraires d'une manière qui lui était neuve : mon père était arrivé à un degré de maîtrise inégalé qui lui permettait de se dégager de toute évidence. Et de tout maître, car sa peinture, qui avait tant emprunté à Rothko et à De Kooning, s'en délivrait pour devenir sienne. C'est ce que ma mère a déclaré en les découvrant dans notre salon le jour où, si fier, il nous les a présentées : *là tu as trouvé ta voie, Arnaud*. La joie pure sur le visage de mon père.

C'était un soir de printemps, nous étions réunis tous trois avec George Parson qui avait fait le voyage de Londres pour observer ces *Sylphides* dressées autour de nous, murailles éclatantes qui nous retenaient dans leur ivresse, comme les *Nymphéas* qui ronronnaient dans les Tuileries à quelques centaines de mètres de là. Je découvrais le fameux Parson, sa haute stature bonhomme, son sourire taquin et la confiance qu'il plaçait toujours dans le travail de mon père. Il murmura à la suite de ma mère, mâtinant son français d'une jelly britannique, qu'il y avait là *une vraie avancée dans ton travail, a real new step, Arnaud, you can be proud of you.*

Parson avait désormais trois galeries, à Los Angeles, Londres et New York. Il ne se lassait pas de représenter mon père, dont il avait réussi, en un peu plus de quinze ans, à vendre une petite dizaine de toiles. Les *Sylphides* marqueraient le tournant de la carrière de mon père, nous expliqua-t-il, le moment, évident, où il décollerait. Aucun doute là-dessus.

Lettre d'Arno Glück, New York, mars 1972

Cher Jean-Luc,

Il est des situations qui ne s'écrivent pas, tant elles sont à la fois pathétiques et anecdotiques, essentielles et sordides. J'ajouterai : absolument nécessaires pour parvenir à la connaissance. Je n'ai plus d'argent. J'ignorais qu'un jour je puisse écrire cette phrase, pour laquelle je suis si peu prédestiné. Je n'ai plus de moyens, voilà, c'est aussi attendu que cela. J'expérimente la pauvreté. Et, vois-tu, elle n'est pas comme je la supposais. Elle n'est pas vide, elle est pleine. Elle se niche dans chaque recoin de ma chambre, de mon appartement, dans chacun de mes gestes. Elle n'est pas privation, elle est attaque permanente. Mais je te suppose ricanant, qu'est-ce qu'un bourgeois qui parle de misère ? Plus obscène qu'un touriste en safari, pourrais-tu dire, Jean-Luc, à ta manière tranchante. Alors, oui, soyons juste : je n'expérimente que le manque, pas la pauvreté. Mais crois-moi, j'avance en terre neuve.

J'ai éteint le chauffage de ma chambre pour ne pas participer à la facture de notre appartement : je suis gelé, je peins avec des gants, et dors en manteau. Ce vieux duffel-coat beige que je portais pour passer mon bac, tu te souviens ? Je l'ai apporté ici, pensant à ce qu'on m'avait raconté des hivers new-yorkais. Comme j'ai bien fait : l'hiver est une saison de tortures dans cette ville, le froid, un aiguillon vicieux qui traverse fenêtres et chambranles. Le soir surtout, un blizzard déferle dans les avenues, et je ne peux plus sortir de mon lit. Mathilde ne vient plus me voir, elle ne supporte pas le froid d'ici. J'aimerais l'accueillir ailleurs que dans cette chambre, mais plus personne ne nous invite. Je n'ai pas vraiment réussi à plaire à ses amis. Je crois que je les ennuie. Mathilde m'intime d'être plus léger. Elle ne sait pas les conventions qui ont forgé mes rapports aux autres. J'aimerais lui parler de tout cela, lui raconter la rue Saint-Honoré, notre enfance, le lycée. Je ne peux l'emmener nulle part, même un whisky dans un bar m'est devenu hors de prix. J'attends, je bois de la soupe, de la bière, et je travaille dès l'aube. Je ne me plains pas, parce que je crois aussi que le froid, et ma situation dans ce froid, me permettent d'avancer ; les engelures de mes doigts interviennent dans ma peinture, la transfigurent, me contraignant à saisir des formes plus rapidement. Je travaille désormais en noir et blanc, les couleurs me sont devenues trop chères. Je l'ai regretté au début, parce que je ne crois pas être arrivé au bout du rouge, mais finalement, cette rupture est une bénédiction. Car tu vois, si j'arrive en noir et blanc à rejoindre un lieu comme le Zürich *de De Kooning, j'adorerai la radinerie de ma famille, leur silence odieux. Cinq lettres et deux coups de fil pour leur demander de l'argent. Et rien. Ils m'ignorent, comme si je hurlais la nuit dans leur forêt de Rambouillet. Je chasse le Moloch, tu vois, quand je parle de mes parents. Enfin, je ne t'écris pas, Jean-Luc, pour éveiller une pitié en toi, ni pour te demander de l'argent, je ne veux pas que notre relation soit celle-ci. Je t'écris parce que j'espère que tu comprendras ce que je tente de traverser ici. Mon nouveau galeriste, le jeune Britannique George Parson, m'a promis hier qu'il m'aiderait, en me trouvant des lieux à peindre, des murs de restaurant, ou des halls de buildings. C'est ainsi dans cette ville que les peintres de grands formats gagnent leur vie. J'ai refusé pour l'instant. Je n'ai pas quitté mon métier de juriste pour devenir décorateur. J'ai une nouvelle fois écrit à ma mère et mes frères et sœur.*

Je leur ai envoyé simplement ces lignes :

L'argent n'est pas l'argent, il est le sauvetage, la reconnaissance à venir.

L'argent n'est pas l'argent, il est le tableau, les mille tableaux, qui trôneront dans le salon, les mille salons, des maisons de demain.

L'argent n'est pas l'argent, il est l'enfant qui revient et s'excuse, il est la nouvelle chance.

L'argent n'est pas l'argent, il est la certitude. Le bien-fondé.

L'argent n'est pas l'argent, il est ce qui siffle la jeunesse enfuie sans que personne la retienne, le souvenir d'un homme qui aurait pu, mais qui n'a pas su.

L'argent n'est pas l'argent, il est le génie qui lâche prise, l'idiotie qui renonce, et la gratitude que l'on ordonne.

L'argent n'est pas l'argent, il est la fin de l'indifférence.

Tu crois qu'ils saisiront que je me fous de leur gueule ?

New York, 5 février 2002

Les *Sylphides* ne trouvèrent aucun acquéreur. Un an plus tard, Parson rapporta les cinq tableaux à la maison et tenta d'expliquer à mon père qu'ils ne correspondaient pas à l'air du temps : *Les acheteurs sont si capricieux en ce moment, impossibles à suivre. Plus personne ne sait ce qu'ils cherchent, ça n'a rien à voir avec toi, Arnaud.*

Nous ne parlerions plus des *Sylphides*. Les grands formats demeureraient posés, de dos, dans notre salon. À y repenser cette nuit, je suis persuadée que nous n'avions pas tort : mon père avait atteint là un palier de liberté qui était frappant pour celui qui suivait son travail de près. Il s'était ouvert une voie et devait l'arpenter. Il ne le conçut pas comme ça. Car en lui, je le comprends maintenant, l'échec des *Sylphides* détermina un abandon d'une certaine manière de peindre et même de concevoir son travail.

Quelques mois plus tard, il prit un nouveau congé sabbatique et entama une série intitulée *Magistères*. J'assistais, en rentrant du collège, à la réalisation frénétique de ces six tableaux. Mon père dépensa toute son énergie pour réaliser ces toiles immenses, il ne parlait plus d'accepter aucune mission d'interprète, prit un deuxième, puis un troisième congé sabbatique, tant il se vouait à ce qu'il appelait un *tournant* dans son œuvre. Mais là où la réalisation des *Sylphides* l'avait rendu léger et volubile, la préparation de ses *Magistères* le faisait silencieux, grave. Je supposais la concentration avant le chef-d'œuvre, comme la réclusion d'un athlète la veille de la course de sa vie. Ma mère, elle, supportait mal l'austérité inédite de son humeur, de nouvelles disputes éclatèrent rue de Rivoli. Il avait choisi trois couleurs, le jaune, le blanc et le gris, qu'il entrelaçait dans des paysages. Le mouvement semblait simple : donner une pesanteur à sa peinture, et surtout, sortir de l'abstrait, car il avait désormais en horreur ce qu'il appelait *les prétentions creuses de l'abstraction*. Il ne voulait plus entendre parler de Rothko, ni de tous *ces imposteurs qui nous ont menés vers l'échec de l'abstrait*, mais se plongeait chaque soir dans des livres sur la Renaissance italienne, ou sur la nature. Il voulait peindre des forêts, des océans, des déserts. Lui qui détestait voyager commençait à étudier des cartes, ou des croquis de sciences naturelles. Il se tiendrait désormais au plus près de la réalité, avait-il décidé, dans un *naturalisme spirituel*. Je ne comprenais plus grand-chose quand il me parlait, ma mère non plus. Lui, le danseur des samedis soir, le papa cool devant qui mes copines minaudaient, devenait solennel, voire sentencieux. Tout comme sa peinture, qui s'épaissit. C'était dû au plâtre qu'il avait mélangé à la peinture synthétique, et qui formait une surface rugueuse, impossible à percer. Il ne s'agissait plus de faire glisser ses formes à la surface, mais de les graver dans un parpaing. Plus de diluer ses figures dans le mouvement, mais de les figer dans la durée d'une pensée. Peut-être était-ce une réaction : la vengeance de la peinture brute sur la légèreté des *Sylphides*. Ses *Magistères* semblaient sur le point de s'abattre sur nous, tant ils étaient épais et opaques. Pour chacune des toiles, mon père, qui travaillait désormais dans la cuisine, nous imposa peu à peu de vivre dans un nuage de plâtre asphyxiant. Nous nous en plaignions, il ne voulait rien entendre, et lorsque nous insistions, il devenait agressif, gueulant sur ma mère et moi, et nous invitant, si c'était vraiment un problème, *à prendre l'air ailleurs*. Nous avons fini par le saisir au mot, et nous sommes taillées : moi, parmi mes amis, dans les rues de Paris, mon appareil photo dans la poche de ma veste en jean. Ma mère, en reprenant son travail de costumière, et en acceptant des voyages professionnels, qu'elle justifierait de moins en moins.

Mon père demeurerait dans la cuisine, à peindre ses murailles, masque sur la bouche.

Mais au fil des mois, l'argent est devenu une question centrale. Mon père ne parlait plus de congés sabbatiques, mais d'un mouvement de « recentrement ». Je le surprenais en pleine semaine, en rentrant du collège, assis à la table de la cuisine, jouant au backgammon contre lui-même. Il ne pouvait pas peindre plus de trois heures et ne savait comment occuper le jour qui débordait, comme son ventre de ses vieux jeans. Ma mère lui reprochait la fatigue qui le retenait à la maison. Leurs disputes financières commençaient à la moitié du mois, et finissaient deux semaines plus tard, lorsqu'elle touchait sa paie. Il répondait qu'il n'avait plus le courage de voyager trois à quatre fois par semaine. Lorsqu'elle suggérait de demander une avance sur héritage à ses frères et sœur, il s'enfermait dans une claustration qui pouvait durer près d'une journée, ne prononçant plus un mot, et la dévisageant avec mépris. Lorsqu'elle dînait encore avec nous, elle commençait à citer des noms de réalisateurs, d'acteurs, de producteurs qui brillaient par leur réussite, grâce à leur capacité, disait-elle, *à se réinventer*. Mon père haussait les épaules, qualifiait ces gens de *boutiquiers du septième art*, dont il valait mieux ne *rien dire*. Les doutes de ma mère s'accentuaient. Elle lisait des livres de psychologie, et notait dans un carnet des phrases qu'elle répétait ensuite, comme *La réussite, c'est avoir un mental assez fort et assuré pour décider et construire, et non plus suivre et subir des décisions extérieures.* Mon père se moquait : *Tu te rends compte des conneries que tu racontes, Alice ?* Lorsqu'elle tentait de développer, il finissait par murmurer, *tu es devenue si pessimiste, mon colibri*. Ils ne parlaient plus après les rares dîners que nous partagions encore. Ces soirs-là, lorsque par hasard, après quelques verres, il évoquait l'avenir de sa peinture, elle opposait un visage de pierre. Il continuait pourtant, citant Cézanne, Monet, Van Gogh, puisant dans ses meilleures histoires d'artistes longtemps incompris parce que génies, mais finalement adulés, et sans doute d'autant plus qu'ils avaient été incompris, si ce n'est par cette poignée de proches éclairés, de phares dans la nuit de l'aveuglement du monde. Elle allumait cigarette sur cigarette, et finissait par quitter la cuisine pour ne plus l'entendre. Pour mon père, l'art était aussi notre manière de tenir, tous trois. Peu lui importait d'occulter le quotidien pénible, les vacances abandonnées, la lassitude de ma mère. Il ne concevait pas d'autre envolée que celle de son art. C'est-à-dire notre échappée à l'existence morne que nous aurions pu poursuivre tous trois. Il y avait un sentiment d'élection chez mon père, qui s'approfondissait au fil des ans et qui était nourri par peu de réalité. Si ce n'est ce choix premier qu'il avait fait vingt ans plus tôt et que je découvre aujourd'hui : quitter une femme, une famille, un père malade, à cause de l'art, pour l'art, au nom de l'art. Avec nous, nouvelle famille, nouvelle chance, il avait décidé d'accomplir le chemin inverse : nous inclure, coûte que coûte, dans son processus de création, jusqu'à l'apothéose. Il venait d'avoir cinquante ans, la reconnaissance ne saurait tarder, il n'en doutait pas, du moins n'en laissait rien paraître. Qu'aurions-nous été sans l'art de mon père ? *Une famille petite-bourgeoise de plus*, avait-il un jour lancé à ma mère, au cours d'une de leurs disputes.

Mais il ne soupçonnait pas que peut-être ma mère secrètement commençait à rêver de devenir cette *famille petite-bourgeoise de plus*.

Mon père était un homme sans amertume. Enfin c'est ce que je croyais. Mais à cette époque, je l'ai entendu, la nuit, psalmodier les noms des critiques, des galeristes, des commissaires, de tout ce petit monde de l'art qui persistait à l'ignorer. La rage se sédimentait dans sa gorge, sa poitrine, jusqu'à parfois bloquer sa respiration. Il se réveillait effrayé et à bout de souffle : il sentait l'odeur de l'échec autour de lui.

Avec le policier, salle d'attente de Wistariatown

— Mrs Samson a fini par raccrocher, et quitter la pièce. Ça n'a pas calmé votre père. Au contraire même, il semblerait que son départ l'ait excité. Il continuait à lui parler à travers la porte de leur chambre, lui assénant qu'elle perdait son temps à échanger ses paroles creuses avec ses amis creux. Il citait des penseurs ou des poètes européens qu'elle ne connaissait pas, un discours qui, selon elle, ne signifiait pas grand-chose. Mrs Samson lui a demandé de se taire, et lui a rappelé qu'elle allait dormir chez une amie malade. Votre père s'est alors éloigné de la porte. Elle a commencé à préparer son sac. Dans le salon, le pistolet était toujours posé sur le buffet. Mrs Samson dit ne pas s'en souvenir. C'est, voyez-vous, mademoiselle, assez fascinant pour moi ce que les gens voient, et ne voient pas. Je dirais même que c'est pour ça que je fais ce métier. Peut-être que Mrs Samson avait vu le pistolet. Elle reconnaît que si elle l'avait vu, elle n'aurait pas pris peur, parce qu'elle a grandi dans une maison où il y avait des armes. Son père était garde-forestier, elle a toujours eu l'habitude de vivre parmi les fusils. Même si un pistolet, un semi-automatique, ce n'est pas tout à fait un fusil de chasse. Mrs Samson savait que votre père avait acheté une arme ; c'est elle qui lui avait indiqué l'armurerie de Wistariatown. Elle pensait, nous a-t-elle expliqué, qu'il commençait à s'adapter à la vie au grand air, et n'excluait pas, dans les semaines à venir, de l'accompagner au stand de tir.

New York, 9 février 2002

Suzanne me dit que j'ai besoin de voir du monde. Elle m'a emmenée en boîte hier soir.

Nous étions au Rak, downtown. Un endroit chic, beaucoup de types de plus de quarante ans. J'ai dansé la moitié de la nuit. Un groupe nous a accostées : un architecte suédois, un acteur italien, un homme d'affaires californien. Ils nous ont invitées à leur table, ont commandé champagne et gâteaux, le cheesecake était inouï, parfum mangue-citron, saupoudré de coco. J'en ai avalé trois parts. Alors que l'aube se levait, nous avons tous entonné *My Girl*, bras dessus, bras dessous.

J'ai fait une image de filles aux toilettes que je pourrais garder : elles se maquillent, accoudées aux éviers, très proches de la glace dans laquelle on aperçoit la silhouette en arrière-plan d'un homme, en costume sombre. Elles sont pâles et minces, visages souvent quelconques, mais grandes, jambes claires, nuques effilées. La plupart sont mannequins ou suivent des cours de théâtre. Européennes, de l'est : Ukrainiennes, Biélorusses, Polonaises… La plupart ont une famille quelque part qu'elles espèrent retrouver après leur aventure new-yorkaise. Lorsqu'elles sont retournées danser, l'une a crié : *I'm flying off*. Je décolle. Ce sont mes *Sylphides*.

New York, 12 février 2002

Suzanne s'est fait renvoyer de la boutique de Soho. Elle me le raconte à la Pulcheria, devant une vodka fraise. Une dispute avec Diana, à propos d'un client qui s'était plaint. Le ton est monté. La manager n'a pas supporté qu'elle lui réponde, Suzanne s'est énervée, lui a balancé les extras qu'elle avait faits quelquefois auprès des clients dans les cabines d'essayage, Diana lui a demandé si elle se respectait si peu pour inventer des saletés pareilles, Suzanne a éclaté de rire. « Diana me paraissait tellement déplacée dans tout ce qu'elle disait : le son de sa voix, ses regard fuyants, ses phrases toutes faites, la fausseté de chacun de ses gestes. Elle était comme ces têtards qui dérivent en tous sens à la surface de l'eau. Tu te souviens quand j'en avais apporté une poignée à l'école pour un exposé ? J'ai eu l'impression, en me disputant avec cette héritière de cinquante ans, d'être face au même genre de créature inaboutie. Elle m'a même fait un peu de peine, cette fille qui savait à peine compter, pas plus se vendre. Enfin, elle a assez appris pour me refiler un chèque minimal, la conne. »

Suzanne n'était pas bouleversée. Je me demandai si c'était cette ville qui l'avait forgée dans cet acier-là. Nous avons recommandé une vodka fraise.

Elle a commencé à faire des blagues. Je l'admirais. Elle avait accompli la seule chose qu'elle pouvait faire dans cette boutique. J'aurais aimé lui dire qu'il y aurait toujours une dignité à affirmer sa liberté face au pouvoir. Mais je n'en étais pas si sûre. Pas si sûre qu'il ne faille pas plutôt fermer sa gueule, prendre l'argent, et donner rendez-vous plus tard à la vengeance et à la colère. Assumer la survie et penser à autre chose. Et puis je n'avais pas envie de parler de liberté. De prononcer le genre de phrase un peu bouffie qui aurait plu à mon père.

S'inscrire dans une chaîne humaine. Les mots d'Arno Glück flottaient devant le visage de mon amie. Je lui ai dit que si elle avait besoin d'argent, je pourrais l'aider. Elle m'a souri, m'a attrapé la main. J'ai raconté alors à Suzanne la mort de mon père, telle qu'elle avait véritablement eu lieu. Sans omettre le moindre détail. Parce qu'il était temps de cesser de mentir à cette fille qui luttait pour poursuivre. À la fin de mon histoire, ses doigts se sont entrelacés aux miens, et nous n'avons rien dit pendant quelques minutes. Puis, elle a recommandé un verre, et murmuré, « C'est vache ce qu'il t'a fait là ».

En la quittant, je lui ai demandé si je pouvais la photographier : à l'heure grise, le ciel se reflétait sur son front. Son sourire m'accompagne dans ce journal. M'ouvre une voie que je cherche à reconnaître.

AUTOPORTRAIT 6 – Un œil. Un œuf gélatineux. Roux et bleu, pigmenté. Une cornée lisse. Traversée de veinules clignotantes. Un œil qui exprime peut-être la peur, peut-être pas. Un œil cerné, une créature épuisée, qui réfléchit sans cesse. Se reflète dans la pupille, le flash de l'appareil. Un œil qui demeure écarquillé. Mais sur quoi ? Peut-être une pièce humide et froide, dans une maison du New Jersey, où a retenti un coup de feu. L'œil refuse de se détourner du film qui le ronge. Les veinules tremblotent à la surface humide, patinoire dont les fissures se creusent, marquant que le temps passe. Au fond de l'œil, la pupille s'agite, cherche la lumière, la foule, le présent.

New York, 13 février 2002

Nous étions à l'époque de la sixième exposition de mon père. Ou la septième. Je ne sais plus. Enfin, la dernière à Paris.

C'était en 1994, un soir d'hiver. Les gens se mêlaient dans deux salles étroites d'une galerie entre le Père-Lachaise et Gambetta, rue de la Chine. Les six *Magistères* étaient accrochés autour de nous. Leurs fonds montagneux ou forestiers accentuaient l'exiguïté des lieux. Au fil des arrivées dans la galerie, je reconnaissais la cohorte d'amis qui venaient dîner certains soirs : un réalisateur de documentaires qui ressemblait à John Wayne embrassait chaque homme qui se présentait, une poétesse à chignon vouvoyait tout le monde et glissait des mots de russe à la fin de ses phrases, *Dobro palajovat*, en levant son gobelet de sauvignon, un sculpteur à la nervosité de boxeur zigzaguait dans la petite foule comme cherchant son adversaire, accompagné d'une femme minuscule à l'accent péruvien qui riait dès qu'elle parlait. Les amis de mes parents, une petite société d'artistes et d'intellectuels réunis par la difficulté d'exister, le goût des couleurs et la faculté de parler toute la nuit. Sous les néons de la rue de la Chine, tous s'accordaient sur *ce merdier qu'est en train de devenir le monde de l'art, où ne dominent plus que censure et médiocrité*...

L'un d'eux, un écrivain en veste noire et chemise à jabot que j'aimais particulièrement pour ses tours de cartes et ses yeux vert or, me prit à part dès mon arrivée pour m'inviter à l'un des *séminaires* qu'il donnait dans un café à Saint-Germain, sur *l'ampleur de la catastrophe, et la possibilité rédemptrice de l'esprit retrouvé*. Ces gens annonçaient la fin du monde, puis se resservaient un verre.

Je savais qu'ils étaient *particuliers*. Ils partageaient peu avec mes professeurs ou les parents de mes amis. Leur société était à la fois plus singulière et plus uniforme que les autres. Mais ce qui les réunissait, au-delà de l'extravagance, de l'ivresse et de la vanité, était une âpre liberté que je percevais sans savoir la nommer, et qui me les rendait proches. Qui me les rend toujours proches.

George Parson se tenait au fond de la salle, ne se mêlait pas aux amis de mon père. Peut-être se demandait-il déjà s'il allait rentrer dans ses frais. Il savait que peu de tableaux seraient vendus. La dernière fois, deux étaient partis, achetés par Jean-Luc. L'indéfectible ami, ce soir, n'avait pas pu venir. Les autres n'achetaient jamais rien. Croyaient-ils au talent de mon père ? Tous étaient artistes et savaient à quoi s'en tenir : peut-être appartiendraient-ils un jour à la légende, peut-être pas. Peut-être n'étaient-ils qu'une assemblée d'anonymes qui endossaient des rôles. Je crois que cette soirée se fondait sur ce doute : en étions-nous, ou n'en étions-nous pas ? Ils surjouaient les artistes qu'ils n'étaient pas sûrs d'être. L'œuvre de mon père, qui, je l'entendais dire autour de moi, semblait de plus en plus décalée par rapport à ce qui se faisait, comme conçue par un vieil enfant débarqué de la lune, peinait à les toucher. Elle manquait de discours et d'évidence. Il fallait donc boire et parler, parler et boire, à défaut de regarder.

Mon père ne se rendait compte de rien. Il avait enfilé au-dessus d'une chemise de lin une veste froissée, et dans cette demi-allure, exultait. Il leva son gobelet, se racla la gorge, et demanda le silence. La moitié de la salle continuait à discuter, il gueulait presque : « Je vous remercie tous d'être là. Vous savez, ces tableaux, pour moi, c'est l'histoire de ma vie. Je ne sais pas si ce que vous voyez dans cette salle a de la valeur, ce n'est pas à moi de le dire, mais je peux simplement vous confier que se dessine dans ces tableaux un cheminement, et j'espère que vous le percevrez. » Quelques applaudissements accueillirent son discours, puis le brouhaha s'amplifia. Mon père demeurait devant ses tableaux, prêt à expliquer son « cheminement ». Personne n'est venu le voir.

Je me tenais à l'autre bout de la pièce, entourée par cinq ou six types en tee-shirt ou pull à grosses mailles. Je crois avoir admiré mon père pour sa prestance, dans ce lieu qui lui était entièrement dédié. Les hommes autour de moi ne me quittaient pas, je leur parlais du processus de création de mon père, de ses différentes évolutions. Je ne suis pas sûre qu'ils m'écoutaient.

À la fin de la soirée, je ne voyais plus ma mère dans la salle. Je l'ai trouvée dans la rue, à fumer une cigarette. À ses côtés, la femme russe, qui ne l'était pas, oscillait. L'artiste boxeur s'était assis sur un banc, fermait les yeux, et comptait tout bas. Ma mère ne parlait à personne, restait dans l'ombre, les épaules rentrées. Elle me parut minuscule, ainsi ployée dans sa robe de velours qui accentuait l'étroitesse de ses hanches : j'ai compris pourquoi mon père la surnommait le « colibri » depuis toujours. Elle avait la fragilité nerveuse de ces petits oiseaux qui s'ébattent en tous sens, puis, épuisés, se replient et tiennent à peine sur un perchoir. Elle avait battu des ailes toute la soirée, tenait à peine debout : je posai la main sur son dos, elle tremblait. J'aurais voulu la prendre dans mes bras mais nous n'avions pas l'habitude de ce genre de chaleur. Même si le rideau de ses cheveux m'empêchait de voir son visage, j'ai vu qu'elle pleurait. Elle a commencé à murmurer vite et bas :

« Tu sais ce qu'il a dit ? “Maintenant, ils ne peuvent plus rester indifférents.” Qu'est-ce qu'il en sait, putain ? Qu'est-ce qu'il en sait que je quémande de l'argent à ma mère toutes les semaines, pour que les gens ne soient plus indifférents ? Pour organiser une soirée, et accueillir rien d'autre qu'une bande de cons prétentieux venus se rincer au vin blanc sur le fric qu'on n'a pas. »

L'argent qui manque, l'argent à gagner, l'argent à venir. Alors que mon père, le temps de quelques heures, devenait un *artiste exposé*, la nuit finissait rongée par l'idée du manque.

Cette nuit-là, je me suis promis de ne jamais vivre en vendant ce que personne ne voudrait acheter.

Vidéo. 23 secondes

Soir de fête à la Pulcheria : la musique s'enclenche, je suis filmée en gros plan par Suzanne, zoom arrière, on distingue derrière moi le bar, l'acajou, les bouteilles multicolores, les lumières qui émanent des miroirs, le profil d'un barman. Je porte une robe blanche, chamarrée de plumes, type Streisand 69. Suzanne me l'a offerte, elle porte la même. Piquées dans sa boutique avant de partir. Nous sommes deux sœurs dans la nuit new-yorkaise. La foule nous entoure, la foule nous porte. J'avance, la caméra me suit, Will filme, je vacille sur mes talons vernis noirs à semelles rouge, me hisse sur un tabouret, écarte légèrement les cuisses dans l'effort, recule, prends appui au bar, jette un œil de connivence à la caméra, et reprend le refrain de Madonna, *Music*...

Perspective sur la salle : les copains de Suzanne, ivres et ravis, lèvent leurs verres. Je glisse de mon tabouret, et embrasse Will.

Lettre d'Arno Glück, New York, avril 1972

J'ai achevé cinq toiles. Cinq grands formats en six mois. Je n'avais jamais travaillé comme ça. Ils sont l'objet, et la cause, la cause et l'objet. Si un jour, je me retrouve face à la police, pour me justifier de ce que je suis, je montrerai ces hautes toiles, sans rien dire de plus. Parler d'art est toujours impossible et si je pouvais m'en abstenir, je le ferais. Je peux simplement te dire qu'à la fin de la dernière, je tenais à peine debout et je pouvais reprendre les mots du Van Gogh *d'Artaud : « Je ne pense plus, mais je dirige chaque jour de plus près de formidables ébullitions internes. »*

Enfin, me voilà, face à ces tableaux, inexplicablement euphorique. Je me pose la question de les montrer ou de les faire disparaître. D'abolir en quelques heures le cheminement de plusieurs mois. Peut-être est-ce là, vois-tu, ce qui me grise, Jean-Luc, ce pouvoir que je me suis découvert de détruire le projet initial et de me retrouver au point premier en quelques coups de brosse. Ces grands formats que je peins, et que je peux faire disparaître, ces formes que je convoque, et que je peux déplacer, voire annihiler, comme si elles ne s'étaient jamais présentées dans mon esprit, m'offrent une puissance de recommencement dont je ne me lasserai jamais.

Mathilde et John sont venus me voir hier : je dois payer mon loyer ou partir. Parson insiste pour me faire travailler dans la cantine d'une banque : le directeur aime la peinture italienne, désire les Noces de Cana *de Giotto dans son réfectoire. C'est risible. Non, obscène. J'aurais quitté une famille d'assureurs pour me retrouver salarié d'une banque ? Parson m'a dit : « Le board de la banque accepterait de te prendre, parce que tu es chrétien et européen. » Ils imaginent que j'ai le Quattrocento dans le sang. Plus qu'un juif ukrainien. Parson trouve ça drôle. Pas moi. Ils me prennent pour un guignol et je dois leur obéir. Encore. Toujours. Je n'ai pas le choix. Si c'est le seul moyen de rester dans cette ville. De poursuivre mes grands formats.*

Wistariatown, 15 février 2002

La rue zigzague vers le centre de rééducation de Wistariatown : elle est étroite, les façades délabrées. En quittant New York pour cette petite ville, j'ai le sentiment de rejoindre une arrière-chambre abandonnée que personne ne prendrait jamais la peine de nettoyer. Le ciel offre au crépuscule ses drames rouge et bleu, parmi les branches des séquoias. Dans le hall du centre, il y a la queue ; cette femme a un pied enroulé dans un sac en plastique, cet homme porte sous une doudoune un short qui pourrait être son caleçon. Ils ont basculé dans la dimension parallèle de ceux qui souffrent et ne parviennent plus à le cacher.

Une réceptionniste m'accueille derrière une vitre, et me demande qui est l'heureuse personne que je viens visiter. Mrs Samson m'attend dans sa chambre, au quatrième étage. J'aimerais savoir s'il y a des salons où l'on peut organiser une visite, la réceptionniste me regarde avec un mélange d'affliction et d'ironie, qui induit que nous ne sommes pas à l'hôtel Plazza : les « salons de visite » ont été remplacés depuis bien longtemps par des salles de réanimation. La réceptionniste ne semble pas croire qu'il y eut autrefois un Wistariatown ensoleillé et opulent, ou sans doute que je prête un peu trop attention à ses yeux sombres, qui simplement partagent avec moi un désintérêt évident pour l'histoire de ce bled, de ce centre de rééducation, et de ces gens abîmés qui attendent leur tour derrière moi. Car je crois que cette femme, comme moi, pense simplement que nous avons une chance folle de tenir sur nos deux jambes, et n'en demanderons pas plus.

Le couloir rose, les lits roulants que l'on pousse dans les ascenseurs, l'adolescent qui s'entraîne avec ses béquilles. J'apporte une boîte de chocolats. Je pourrais être une parente éloignée, soucieuse de resserrer les liens familiaux. Ou mieux, la fille d'une vieille mère. Non, ça, je sais que je n'en ai pas l'air. On reconnaît tout de suite les enfants des malades, je les ai vus dans le hall, ils ont cet air perdu qu'avait ma petite chienne en arrivant chez moi : des presque orphelins qui ne parviennent toujours pas à y croire. Si, peut-être que je ressemble un peu à ça.

Assise devant une tablette vissée au mur, Mrs Samson remplit une fiche administrative. Elle a de l'allure. Je ne m'y attendais pas. J'aurais tout supposé, sauf la beauté de Mrs Samson. La victime de soixante-neuf ans de mon père. Une nuque longue, un dos droit, en chemiser blanc ouvert sur des seins hauts, des yeux clairs, des cheveux sombres relevés en chignon, une frange tombant sur un front presque lisse, et dans l'ensemble, une douceur résolue. Un parfum de promenade méditerranéenne.

Je me dis, *mon père a dû l'aimer*. Et puis, *il ne la méritait pas*. Et puis, *comment a-t-il pu frapper cette femme ?* Et puis, *elle doit être impossible à vivre*. Et puis, *il ne l'a pas frappée elle, mais ce qu'il a cru voir en elle*. Et puis, *il ne s'est pas senti à la hauteur de cette femme*.

Le rire de ma mère, certains soirs où je m'endormais dans le salon. J'ai cru que ce rire retiendrait toujours mes parents à la maison. Mais ils se sont éclipsés, l'un après l'autre, parce qu'elle avait cessé de rire, parce qu'elle ne voyait plus rien en lui, sinon ces tableaux non vendus qui occupaient tout l'espace de notre appartement.

Le sourire de Mrs Samson a dû un jour traverser son visage mélancolique. Et adoucir sa voix pointue.

— Vous lui ressemblez. Les cheveux, les lèvres. Il me disait que vous lui ressembliez, mais sur les photos ce n'était pas évident. Là, ça l'est.

— On me l'a souvent dit. Je vous ai apporté des chocolats. Où est-ce que je peux les poser ?

— Ici. Je ne mange pas de chocolat.

— L'opération s'est bien passée ?

— Oui, on peut dire ça. Je voudrais savoir si votre père vous avait parlé de moi.

— Mon père parlait assez peu de sa vie privée. Enfin pas à moi.

— Il disait qu'à Wistariatown, il trouverait un calme et une sérénité qui lui permettraient de poursuivre enfin la série des *Rheticus*. Vous avez vu son premier *Rheticus*, le seul achevé ?

— Non, je suis allée chez Parson, mais ils m'ont dit qu'ils n'avaient plus rien…

— Il est représenté par une galerie de Brooklyn, Tatiana Mindkow. C'était fini depuis longtemps avec Parson lorsque je l'ai rencontré. Il ne correspondait plus à ce que recherchaient les acheteurs. N'imaginez pas qu'il en était désespéré, il disait que ce n'était pas son problème. De toute façon, il n'avait jamais su composer avec l'air du temps. Il faut que vous voyiez le *Rheticus*, si vous voulez comprendre dans quel état d'esprit était votre père, lorsqu'il travaillait encore… Et là où il est parvenu. C'est inouï.

— Il ne peignait plus ?

— Je l'ai compris le jour où il est mort. Quand je suis rentrée dans son atelier, il n'y avait plus aucun dessin préparatoire, aucune bouteille d'encre ou de térébenthine. Il avait jeté tout ce qu'il avait peint les mois précédents. Même ses dessins à l'encre de Chine avaient disparu. Il avait commencé à les dessiner pour vous, n'est-ce pas ?

— Oui, pour moi petite. Enfin, je pensais qu'il avait arrêté.

— Il continuait, comme ça, pour se détendre. Mais ce jour-là dans son atelier, je n'ai trouvé que deux bouteilles de whisky vides cachées derrière une rangée de livres et des blocs de feuilles à dessin, neufs. Je lui ai posé des questions le soir, avant de partir. Il a commencé à m'insulter, à me traiter d'espionne, à me menacer. C'est là que j'ai découvert la colère qu'il avait en lui.

Ce matin d'été de mes dix ans : un voisin de Rivoli est descendu dans la cour pour lui demander de cesser de peindre, précisant qu'il n'était pas là chez lui, mais dans une partie commune, qui plus est un lieu du XVIIIe siècle, et que la copropriété ne supportait plus les taches de peinture qu'il laissait au sol chaque soir. *Vous êtes le dernier des connards*, balbutiait mon père en le fixant. Je n'ai pas oublié ses gestes tremblants, son poing fermé et son souffle coupé. La colère de mon père était fulgurante et mauvaise, face à l'air satisfait du voisin qui lui parlait sans regarder ses toiles. Le voisin était le monde, le monde était notre voisin. Et le monde comme notre voisin renvoyaient mon père dans sa chambre.

— J'ai insisté, il m'a jetée à terre. Je n'arrive pas à me faire à l'idée qu'il ait voulu me blesser.

Quand il m'a vue au sol, l'épaule démise, il a été terrifié, il a hurlé, *je suis un malade*, et au lieu de m'aider ou d'appeler les secours, il est parti dans son atelier, comme un fou. Je me suis relevée, j'avais mal, je le haïssais, je suis montée dans la voiture, je me suis dit que je ne le reverrais jamais. J'avais raison. Je ne sais toujours pas s'il a voulu que je souffre, ou s'assurer que je ne le regretterais pas. Vous êtes sûre qu'il ne vous a jamais parlé de moi ?

Lorsque je quitte sa chambre, Mrs Samson s'approche de moi, et me caresse le visage. Elle cherche à m'embrasser sur la joue, je me dérobe. Je ne veux pas sentir les lèvres qui se sont posées, les dernières, sur la peau de mon père.

TROISIÈME PARTIE

New York, 16 février 2002

J'avais oublié le ronronnement d'un homme qui dort. Le répit de son souffle. J'attendais dans la chambre de Will qu'il se réveille. Nous étions chez un de ses copains à Harlem.

Je l'observais : la face crémeuse de grand gamin, le sourire enjôleur, même endormi. Hier soir, je ne pouvais pas rentrer seule, encore, à Canal Street, et retrouver ce journal qui ne me vaut rien. J'avais envie de le suivre, d'oser ça, avant de quitter la ville. Puisque le policier a dit, « L'enquête est close ». Puisque rien n'a été exhumé de mon père. Je devais coucher avec Will. Le beau Will. Suzanne dansait au milieu du Rak comme si elle était chez elle, entourée d'une bande d'inconnus. Will est venu me voir.

Il a parlé de mon visage. M'a apporté un gin, m'a embrassée. Après notre fait de gloire, les draps étaient à peine froissés : seul l'oreiller au sol témoignait de ce qui avait eu lieu. Si l'on peut dire que ce bref engouement de nos deux corps a été un événement. Au même titre qu'un coup de feu dans une maison isolée. Et puis, nous avons parlé. Aucun spectre ne traversait son esprit, aucune ombre sur l'ivoire de ses pupilles. Il vit avec sa mère, à Brooklyn. Il aimerait un jour gagner assez d'argent pour ne pas avoir à emmener les filles chez quelqu'un d'autre. Il a un chien, un bouledogue qui « compte plus que tout » pour lui. Son père est passé par la prison. Il est devenu jardinier.

J'ai quitté l'appartement quand il était dans la salle de bains. J'ai remonté Pleasant Avenue, descendu 1st Avenue, rejoint Lexington, errant dans l'implacable grille de la ville, parmi les flaques jaunes et rectilignes des réverbères, apercevant ici et là les nuées de policiers au coin des rues. J'ai emprunté Canal Street dans l'aube d'un jour new-yorkais qui n'avait rien d'affreux. Nathalie Bouvreuil a la vie devant elle. Petite veinarde.

Lettre d'Arno Glück, New York, mai 1972

Tu me dis qu'il a été placé sous assistance respiratoire. Tu me dis qu'il faut que je vienne, que je me confronte à son corps traversé de tubes, à son visage couvert d'un masque respiratoire. Tu me dis que n'importe quel fils serait déjà rentré, qu'il n'est plus temps de dissimuler ma faiblesse sous des discours faciles. Je te rassure, rien n'est facile parmi les mots que je t'envoie. J'aurais aimé que ce soit mon père qui me rejoigne ici. Je ne sais ce qu'il aurait pensé de me découvrir dans un tablier, à genoux, à reproduire maladroitement les symboles de Giotto sur un mur de cantine de banque. Il aurait sans doute affirmé, « ce n'est pas nous, ce n'est pas les Bouvreuil ». Il ajouterait, « mon fils a rejoint les petites gens », avec cette ironie proustienne qui me manque, je peux te l'avouer, toi à qui je dis tout parce que ton intransigeance me fascine. Je demeure ici, dans cette ville qui, comme mon père, méprise ses « petites gens ». J'en suis désormais : employé des employés de banque. J'ai commencé par prendre les mesures du mur et tracé au crayon les axes de la fresque. Je ne suis pas tout à fait Michel-Ange entrant à la Sixtine, ni Rothko au Four Seasons, mais je ne suis pas si éloigné d'eux non plus.

Il est dans la vie d'un peintre des étapes à franchir, qui peuvent paraître burlesques au non-initié, mais nécessaires à celui qui construit son œuvre. Ici, nous ne sommes ni dans une chapelle, ni dans un hôtel, mais dans une banque. Et qu'importe ? Le pouvoir est aujourd'hui là, hier ailleurs, Howl *a réglé la question, non ? « Moloch ! Solitude ! Filth ! Ugliness. Ashcans and unobtainable dollars ! »*

J'accomplis la commande du Moloch. Dans les couloirs de la banque, je croise des hommes et des femmes aux peaux reposées et aux sourires fixes. Ils me regardent sans curiosité. Un employé de plus. Peut-être un peu surprenant dans son allure. Tu m'écris, Jean-Luc : « à quoi bon fuir un monde pour devenir larbin dans un autre ? » J'entends ta question, parce qu'elle a pu me traverser l'esprit. Mais plus maintenant. Tant de signes ici m'invitent à croire que mon prochain succès passera par cette commande. T'ai-je annoncé que l'un des bras droits de Leo Castelli pourrait venir voir cette fresque ? Au-delà de la reconnaissance proche, ce travail ne m'est pas étranger : j'aime que chaque jour la fresque m'attende. Et vois-tu, en traçant les profils de Giotto, ces formes qui ne sont pas des visages mais des présences, cette scène qui n'est pas plus un lieu que le monde flottant de Rothko, j'avance sur mon propre chemin. Il passe par une banque. Il passe par le rictus du Moloch. Je prends avec moi le rire de Ginsberg. Je prends aussi le silence de mon père sur son lit d'hôpital. Je ne rentrerai pas Jean-Luc, je suis trop près de l'accomplissement.

New York, 17 février 2002

Ma mère a fini par arriver pour m'aider à ramener le corps de mon père à Paris. Hier, elle l'a identifié. Elle s'est rendue à la morgue de Wistariatown, y a passé une petite heure, a rempli les formalités. Nous pouvons désormais quitter cette ville tous les trois, en famille.

Le policier nous attendra demain à l'aéroport JFK, avec le cercueil de mon père. Il nous livrera l'acte de décès et le certificat de fin d'enquête, dont le courrier de Mrs Samson qui annonce renoncer à porter plainte, « au nom des mois en paix que j'ai eus avec votre père ». Ma mère n'a pas demandé qui était Mrs Samson. À Paris, mon père sera transféré au Père-Lachaise : il y sera enterré dans le caveau familial, parmi des Bouvreuil qui se tiennent là depuis deux siècles.

Mon père n'avait pas laissé de consignes pour son enterrement. La famille a proposé qu'il prenne la place qui lui était destinée. Ils savent comment il est mort, ils ne lui en tiennent pas rigueur. J'aurais voulu qu'il soit vivant pour qu'il voie comme il est enfin réaccueilli par les Bouvreuil. En serait-il heureux, réconcilié avec lui-même ? Je n'en suis pas sûre. Peut-être aurait-il préféré être enterré dans ce pays qu'il s'était finalement choisi. Je ne sais pas. J'aime qu'il soit au Père-Lachaise. Pour dominer une ville qu'il n'a jamais su séduire. Pour la présence de La Fontaine à une centaine de mètres de lui. Pour nos promenades, un peu plus loin sur les rives de la Seine. Nous n'aurons finalement pas résolu la question du loup et du chien.

Ma mère est assise sur le lit de mon studio, j'écris dans la salle de bains, j'ai dit que j'avais une dernière lessive à faire. Elle tousse. Elle n'avait pas prévu la poussière, ni les cendres qui flottent encore dans la ville : « Tu n'aurais pas un truc pour ma gorge ? » Non, rien, je n'ai rien. Elle tient sur ses genoux une pochette de cuir brodée verte à rabat de velours, petite chose ravissante et surannée qu'elle n'ose pas poser sur le lit. La même qu'une certaine rockeuse australienne dont la voix hante les rues de Manhattan, pourvue d'un regard, d'une chevelure ; créature à l'allure de naïade, face de Médée et de fille d'aujourd'hui. Je ne sais pourquoi maintenant, alors que je m'apprête à quitter New York, je pense à cette chanteuse étrangère parvenue à s'ériger muse, dans cette ville que rien ni personne n'intéresse plus d'une journée.

Ma mère est revenue hier soir de la morgue, s'est assise à la table de mon studio, a repoussé mon cahier noir et posé une bouteille de vin blanc et deux verres. Elle a bu le sien, sans un mot. Elle fixait un point sur le mur derrière moi. Cheveux en bataille, joues lisses, absence de maquillage, yeux ronds et clairs d'oiseau de printemps, elle ressemblait à une étudiante sortie de la fac. Seule la main qui tenait son verre s'alourdissait de veines et de sillons, rappelant les soixante-cinq années passées parmi nous. Elle n'a pas raconté le corps de mon père. Je pense qu'elle n'a pas vu plus que son visage. Je n'en sais rien. Je ne l'ai pas accompagnée, ne me suis même pas interrogée sur la possibilité de me tenir auprès d'elle, auprès de lui. Elle a persisté dans son silence jusqu'à ce que la nuit tombe. Puis, sous l'impulsion d'un signal qui m'a échappé, elle a reposé son verre et commencé à délivrer un discours qu'elle aurait comme préparé depuis des années sur mon père, notre bonheur, et notre nécessité de surmonter sa mort au plus vite, « parce qu'il n'aurait pas aimé nous savoir désespérées sans lui ».

Il a fallu que je voie arriver ma mère à l'aéroport JFK il y a trois jours, pour saisir l'incompréhension que j'avais éprouvée, que j'éprouve encore, lorsqu'au départ de mon père elle n'avait rien su opposer, sinon un implicite acquiescement. Pourquoi était-elle venue identifier cet homme qu'elle n'aimait plus ? Je savais que c'était pour moi, plus que pour lui. Pour m'éviter ce moment pénible. Le colibri avait déployé ses ailes jusqu'ici. Et voilà que ce soir, après trois verres de vin, elle cherchait à dire ce que nous faisions là toutes les deux, autour du corps d'un homme que nous avions toutes deux cessé d'écouter et de croire, sans bien même nous en rendre compte. Et qui aujourd'hui était couché sur une plaque de métal, dans la morgue d'une ville dont personne ne connaît l'existence, à l'exception de ceux qui y vivent.

Fixant la fenêtre et les lumières de Canal Street, elle poursuivait vaillamment : « Tu veux sans doute comprendre ton père, mais il n'y a rien à comprendre de ce qu'il a fait. Il s'est perdu, c'est tout…

— Mais de quoi tu parles ? » J'ai haussé la voix, bousculant cette minuscule créature qu'est devenue ma mère depuis qu'elle a épousé Claude, cadre retraité d'EDF, et s'est installée chez lui dans une rue étroite et triste de l'ouest de Paris, devenant cette créature plus mince et fragile que je ne l'ai jamais connue, s'accrochant à la pochette de cuir de sa jeunesse comme à la rambarde d'un cargo. Elle continuait :

— Je parle de ton père, il est mort, il faut parler de lui. J'ai lu dans un livre que le suicide est toujours *une manière d'éliminer son pire ennemi*.

— Mais de quoi tu parles ? Est-ce que tu sais au fond de quoi tu parles ?

— Je parle de ton père. Tu dois m'écouter.

Je regardais sur son crâne les rainures blanches parmi les mèches bien peignées. Qui était ce pauvre type que décrivait ma mère ? Un Droopy chouinant de ville en ville. J'ai cherché ses yeux pour qu'elle finisse de déblatérer ses conneries, mais elle évitait mon regard.

— Tu aurais vu, avant ta naissance, la manière dont Parson organisait ses premiers vernissages, et les gens qui y étaient, les critiques et les écrivains, tu aurais vu cette petite foule venue pour ses tableaux... Nous étions intouchables, oui, c'est comme ça, j'y ai cru. Parce qu'alors, il se fichait des autres, de sa famille, de son passé, oui, de ce qu'ils disaient de lui. Mais après, il a commencé à vaciller, ça n'allait plus, il avait l'impression que le monde le méprisait, tu vois, tous, sa famille, les critiques, les galeristes, il disait qu'ils lui en voulaient parce qu'il était différent, audacieux, libre d'esprit, parce qu'il refusait d'être le bourgeois qu'on voyait en lui. Tous se tenaient *dans le même camp*, répétait-il. J'essayais d'expliquer qu'il n'y avait pas de camp, que les gens de l'art n'étaient pas si occupés à le détruire, mais il m'écoutait de moins en moins, oui, c'est difficile de ne plus être entendu, ni reconnu, ton père en a souffert c'est sûr… Mais je n'y suis pour rien, tu le sais, ça ? J'ai fait ce que j'ai pu, pendant près de vingt ans. C'est cette ville, ce pays qui l'ont tué, cette idée ridicule qu'il pourrait ici trouver, c'est triste je te jure de le dire comme ça, une nouvelle chance…

Je n'arrivais pas à la faire taire. Parce que j'avais encore besoin d'entendre ses zigzags au bord du vide ; ma langue maternelle. Celle des promesses et du cafard, des nuits de Rivoli, des corps contre le mien le dimanche matin dans leur lit, langue du secret et de la retenue, langue si peu conçue pour les grands mots, langue qui fut celle de mes premières années, de cette *lumineuse enfance* qu'elle a déjà invoquée trois fois dans ce studio, comme l'on brandit une police d'assurance lors d'un accident. Le colibri a traversé l'Atlantique pour m'assurer que nous avions été heureuses avec cet homme. Après des heures à en parler à son nouveau compagnon, elle s'est résolue à retourner dans cette ville qu'en un autre temps elle a visitée avec le mort, dans une extase qu'elle ne m'a pas racontée, parce qu'il est dangereux de convoquer à haute voix les extases perdues. Le colibri avançait dans son semblant de discours élaboré sans doute en revenant du supermarché avec Claude, rangeant les courses, pensant à haute voix ; « il faut que j'aille voir ma fille à New York pour lui dire pourquoi son père s'est tiré une balle ». Et Claude d'acquiescer en préparant des pâtes à la carbonara.

Je repensais au Loup et au Chien, *Attaché ? dit le Loup, vous ne courez donc pas où vous voulez ?*

Et ce vers revenait, tournait, alors que ma mère continuait à parler, *Cela dit, maître Loup s'enfuit, et court encor.*

Je me voyais soudain suivre maître Loup, dans une campagne d'hiver, courant parmi les fougères et les hautes herbes, jusqu'à une maison auprès d'une mare où résonne un coup de feu.

— Il n'y a pas de raison, mon cœur, que nous soyons abîmées par ce qui a eu lieu, car tu sais bien que ce qu'a fait ton père n'a rien à voir avec nous.

Non, rien. Le coup de pistolet dans la maison au bord des bois ne va pas résonner chaque matin du reste de mon existence. Mon père ne m'a pas visée, lorsqu'il a posé l'arme sur sa poitrine. Elle répétait encore et encore, « il nous faut être heureuses parce que lui n'y est pas parvenu ». J'aurais aimé l'embrasser, lui dire que je savais qu'elle souffrait et s'accrochait aux mots. Je n'ai pas pu. J'ai gueulé, et demandé à ma mère de se taire. Elle a obtempéré. Difficile de souffler dans le ballon lorsqu'on est soi-même depuis si longtemps asphyxiée.

Je l'entends de l'autre côté de la porte se lever, et se préparer ; elle va trouver un prétexte pour échapper à un huis clos dont nous n'avons ni l'habitude ni la force. Nous irons faire du shopping avant de nous coucher tôt. Demain, à sept heures, un homme nous attend à l'aéroport.

Lettre d'Arno Glück, New York, mai 1972

Jean-Luc,

Tu dis que par ce que j'ai sacrifié en venant dans cette ville, j'ai pris un risque inconsidéré. Tu ajoutes que rien ne prouve ce talent que j'invoque pour justifier mon départ. Tu as peut-être raison. Je ne sais pas faire « tournoyer les soleils ivres » comme le Van Gogh d'Artaud. Je ne suis d'ailleurs même pas sûr d'acquérir un jour ce que tu désignes comme talent. Mais là n'est peut-être pas la question. Il est possible, je le crois du moins depuis que je suis dans cette ville, que le talent soit une idée d'hier. Un rêve petit-bourgeois, une hiérarchie qui n'a plus de sens. Une invention du Moloch, diraient les poètes du Brooklyn Bridge. Les artistes sont aujourd'hui des brutes et des prostitués, des opportunistes et des sauvages, pas des gens talentueux. Mais c'est une vieille histoire, je pense que cette idée du talent est une invention de ceux qui ne comprennent rien à l'art. D'ailleurs, à quoi ressemble un artiste talentueux ? Van Gogh n'était-il pas un type à la figure « d'antique boucher » ? Ne parle plus de talent, Jean-Luc, tu abîmes ton esprit avec les classements et les mondanités. L'art est une affaire d'échec, et nous allons tous traverser cet échec à un moment ou à un autre. Je le sais. Mais je sais aussi que si je le traverse ici, je le ferai dans une certaine lumière. Il n'est pas de médaille dans la vie d'un artiste, seulement une percée qu'il doit accomplir à un moment ou à un autre, pour devenir ce qu'il est. Et vois-tu, il semblerait que pas mal de gens dans cette ville me croient pourvu d'une force suffisante pour parvenir à cette percée. Je ne parle pas que d'amis, *j'en ai peu ou pas, ni de femme, Mathilde m'oublie souvent. Je ne parle pas de mondains, de ceux qui jugent, ils n'existent pas pour moi. Non, mais des écrivains, des observateurs, des frères d'armes que j'ai rencontrés et qui m'ont dit leur intérêt pour ma « singularité ». Un prochain vernissage se prépare au Village, j'espère bien placer deux ou trois grands formats. Il se pourrait que la percée ait lieu à ce moment-là. Et les galeristes, alors, devront suivre le mouvement et présenter mon travail.*

Je sais que tu vas me parler de l'état de mon père. Je suis désolé de te dire qu'en un moment aussi déterminant pour moi, je ne peux pas rentrer à son chevet. Non, ce n'est pas la lâcheté que tu évoques. Je ne le crois pas du moins. L'avenir jugera.

La banque me demande de terminer dans quelques semaines ma fresque. Je devrais y parvenir. Plus je travaille sur Les Noces de Cana, *plus j'avance dans ma compréhension de la peinture. Giotto ne doute pas un seul instant de ce qu'il est en train de représenter : l'avenir de ceux qu'il peint est inscrit dans leurs doigts levés. Peu importe que leur détermination vienne de Dieu et non d'eux-mêmes, peu importe que la Vierge s'adresse à son fils comme à un maître obscur, et qu'il lui réponde par une question insensée, « Femme, qu'y a-t-il entre toi et moi ? ». L'essentiel est le signe. Et leurs visages opaques. Il n'y a pas de vrais visages chez Giotto, car il n'y a pas de faille. « Qu'y a-t-il entre toi et moi ? » Manière de demander : jusqu'où me suivras-tu ? La question est rhétorique, mère et fils savent qu'ils se suivront jusqu'au Golgotha. Il me faut atteindre cette secrète certitude partagée par la mère et le fils. Pour le moment, je les peins dans mes scrupules et mes hésitations, traçant et effaçant mes traits.*

Cette fresque vient me prendre à témoin jusque dans mes rêves. « Qu'y-a-t-il entre toi et moi ? » me murmure la nuit une voix, dans une forêt que je traverse en courant. J'y suis poursuivi par un homme qui lève deux doigts vers moi et me demande d'être un saint.

Policier, message sur répondeur, 18 février 2002

— Bonsoir mademoiselle Bouvreuil, si nous apprenions qu'une vingtaine de minutes avant son passage à l'action, votre père vous avait téléphoné, et que vous n'aviez pas répondu, et qu'il avait recommencé, et que vous n'aviez toujours pas répondu, vous ne seriez en rien responsable de ce qui a eu lieu, vous en êtes bien consciente, mademoiselle ? Et si vous finissiez par nous avouer qu'il vous avait laissé un message vocal, ce soir du 6 janvier, à 22 h 18, soit douze minutes avant de tirer, et que vous aviez préféré ne pas nous en parler, je ne vous le reprocherais pas non plus. Mais peut-être serait-il tout de même nécessaire de nous en faire part à l'heure où nous bouclons l'enquête, ne pensez-vous pas ? Je ne vous tiendrais pas pour coupable d'un crime qui a eu lieu alors que vous étiez de l'autre côté de l'océan. Personne ne peut incriminer l'absence de vigilance. Même si, je l'ai remarqué tout au long de ma vie d'enquêteur, la vigilance envers ses semblables se révèle essentielle. Si, mademoiselle, votre père vous avait appelée à plusieurs reprises et que vous aviez fini par lui répondre, cette nuit du 6 janvier, alors qu'il n'était chez vous que quatre heures trente du matin, peut-être auriez-vous pu dire les mots qui l'auraient rendu à la raison. Malgré mon expérience, je n'ai que peu de certitudes en matière criminelle. Je sais qu'il arrive que des mots, non, plutôt une voix familière, suspende un projet déterminé. Je me souviens de cette femme qui avait résolu de noyer son chat et qui, au dernier moment, grâce à un coup de fil de sa mère à propos d'une course du lendemain, s'est sentie incapable de tuer l'animal. Je connais d'autant mieux cette histoire qu'il s'agit de mon chat, et de ma femme qui a connu un épisode difficile, oui, un passage à vide, comme chacun peut en traverser dans son existence. Enfin, ne prenez pas trop au sérieux ce que je vous raconte, Mrs Samson n'a pas porté plainte, et rien ne vous oblige donc à me parler encore. J'ai été ravi de vous connaître. Si vous êtes un jour de nouveau de passage à Wistariatown, j'espère que vous viendrez dîner à la maison avec ma fille et moi. Ma femme, hélas, n'est plus parmi nous.

New York, 18 février 2002

J'ai découvert le *Rheticus*, au bas de la vitrine, encadré de vert et d'or, chez Tatiana Mindkow, au cœur du Williamsburg Flea Market, à Brooklyn, l'adresse que m'avait indiquée Mrs Samson. L'une des plus vastes boutiques du marché aux puces. Y sont réunis toutes sortes d'objets, des œuvres d'art, oui, mais aussi des cafetières anciennes, des affiches de cinéma, des gravures d'avant-guerre, des juke-box, des figures géantes cubaines de papier mâché, des statuettes africaines, des photos de New York, d'Ellis Island, au tout début du siècle dernier. Un repaire de nostalgiques et fétichistes. Amateurs de raretés. Un lieu que mon père devait aimer. Où il se sentait sans doute plus à l'aise que dans les galeries de Soho. Entre une horloge et l'affiche suffocante du *Red Desert*, j'ai découvert l'un des plus beaux tableaux de mon père : *Rheticus I*. Un de ses rares petits formats. Il était revenu à l'abstrait, et au noir et blanc : des formes éclatées dessinées à l'encre flottaient à la surface, et s'emparaient de celui qui les fixait. On ne savait s'il s'agissait de continents minuscules ou de débris livrés à l'espace. Ou même de corps, oui, rien n'excluait d'y voir de lointains individus, aux visages non perceptibles. L'intérêt n'était pas de reconnaître les formes, mais de suivre leur mouvement. La délicatesse de leur matière qui accueillait la lumière, et semblait la rendre ensuite. L'évanescence, saisie sur le vif.

Rheticus I accomplissait ce que les *Sylphides* avaient entamé : une avancée vers une peinture vivante, au gré de son propre rythme. Prête à s'envoler de la toile.

Sans doute, mon père ne pouvait y parvenir que sur un petit format. Il lui avait fallu une vie pour le comprendre.

Pourtant, le tableau n'était pas dans un musée, mais dans une boutique de curiosités des puces de Brooklyn, qui se présentait pompeusement en galerie, mais ne pouvait pas y prétendre.

La vendeuse et propriétaire des lieux, Tatiana Mindkow, se tenait derrière un vaste bureau encombré d'objets insolites et de cartes postales. Elle m'accueillit avec chaleur lorsque je lui appris que j'étais la fille d'Arnaud Glück. Elle ne connaissait pas son vrai nom et ne savait d'ailleurs pas qu'il était français, il s'était toujours présenté à elle sous son nom d'artiste, sans rien préciser de ses origines. La femme replète à la tignasse gris et blanc et à l'accent russe m'apprit qu'il était venu ici souvent pour « vendre son stock ». Je ne compris pas d'abord ce qu'elle désignait par là, jusqu'à ce qu'elle me décrive les tableaux qu'il apportait une ou deux fois par mois : mon père avait écoulé la série des *Sylphides*, puis *les Magistères*, et une dizaine d'autres tableaux qui dataient de ses années à Rivoli et qu'il avait visiblement rapportés à New York au fur et à mesure des années. Non pour les présenter à un public, mais pour les vendre à Mme Mindkow. « Votre père est un des rares peintres que je vends, j'ai une clientèle pour son style… » Mon père semblait avoir vendu l'ensemble de son travail ces trois dernières années, dans cette boutique au cœur des puces de Brooklyn. Quand je demandai à Tatiana Mindkow s'il serait possible de répertorier les tableaux vendus, de remonter le cheminement de chacun pour reconstituer ce que je n'osais appeler devant cette femme, « le catalogue de l'œuvre de mon père », elle me regarda un instant, et ouvrit un tiroir du bureau débordant de factures, fouillant d'une main molle, « Je ne suis pas sûre d'en retrouver beaucoup, je n'ai pas fait de facture pour tous, et les clients ne m'ont pas demandé de certificat d'authentification, ils ne le font jamais pour des tableaux d'inconnus ». Trente ans de travail d'un peintre étaient retenus dans ce tiroir encombré de papiers. La moitié de la vie de mon père.

À cet instant, dans la boutique de Brooklyn qui se remplissait peu à peu de badauds venus observer les curiosités et gadgets de Tatiana

Mindkow et échapper au froid, je me vis revenir ici un jour de fermeture, et classer avec cette femme les factures pour récolter les noms et adresses de ceux qui avaient acheté, par hasard, un tableau de mon père. Puis, je me vis sonner chez ces inconnus, me présenter et découvrir les tableaux de mon père suspendus dans la cuisine, ou dans la chambre du bébé. Je me vis d'un air ému et docte leur annoncer que je leur rachetais ces œuvres sous-estimées, afin de les confier à une galeriste, ou à un centre d'art contemporain français qui prendrait en charge l'héritage artistique de celui qui fut, bien qu'ils l'ignorent, l'un des noms importants de l'expressionnisme abstrait français de la fin du XXe siècle, Arnaud Glück, alias Bouvreuil, alias mon père. Je me vis appeler musées, Fracs, centres d'art, revues et commissaires, pour trouver des soutiens afin d'offrir à l'œuvre de mon père une reconnaissance tardive. Je me vis essuyer des refus, subir des silences gênés, engranger des promesses sans lendemain. Et un jour, enfin, dans dix, vingt ou quarante ans, je me vis me rendre à une cérémonie à Beaubourg ou au MoMA, en robe longue, pour marquer l'entrée des *Sylphides* dans leur collection permanente, et, avant de monter sur une scène face à des milliers d'invités, lever un œil vers le ciel pour faire signe à mon père qu'enfin il retrouvait sa place dans l'histoire. Et tout cela, grâce à la détermination d'une vie, née un matin dans une boutique de Brooklyn. Par mon combat, Arno Glück rejoindrait un panthéon de soie, et s'installerait dans le salon très prisé des maudits, assis entre Van Gogh et Kafka.

Oui, en un bref instant, je me projetai à toutes ces étapes de la reconnaissance d'Arno Glück. Et je me vis, moi, maillon silencieux dans la postérité de mon père.

Je ne sais si c'était le froid de cette boutique, le visage faussement chaleureux de Tatiana Mindkow ou la délicate ergonomie de la cafetière parlante qui me faisait face, mais je ne trouvais pas cet avenir très confortable : une existence passée entre deux wagons, en courroie de transmission, traversée et retraversée par l'œuvre de mon père, électrifiée par son génie, *ad vitam*.

Après Wistariatown ? Après la maison dans les bois, le semi-automatique Glock, L'épaule de Mrs Samson ? L'histoire proposée me parut hors de propos ; une mauvaise blague qui se prolongerait toute ma vie.

« J'ai acheté le *Rheticus*, m'a précisé Tatiana Mindkow, peut-être en novembre. Je ne sais plus quand exactement, je vois tellement de clients. Je me souviens seulement qu'il pleuvait, et qu'il était venu en métro, protégeant ses toiles par de grands sacs en plastique de chez Walmart. Il n'avait jamais apporté autant de tableaux : une dizaine, d'un coup. Des peintures et aussi des dessins un peu comiques, le genre qui fait rire les gosses. Je n'en ai pas voulu, j'en ai des centaines comme ça. Et puis les autres toiles, je n'en ai pas voulu non plus, elles ressemblaient trop à ce qu'il m'avait déjà vendu. Mais celle-là, la petite, je l'ai trouvée fantastique. C'est un archipel, non ? C'est ce que je lui ai dit, "T'as trouvé ton île déserte, Arnaud", il a rigolé, "Si tu as envie, Tatiana, tu peux y voir le continent qui te plaît, tant que tu me l'achètes". Je n'avais pas vu votre père depuis un bail, j'étais très contente, c'est toujours un plaisir de lui parler, c'est vraiment un homme attentif. Pour l'ensemble, il a dit qu'il était prêt à faire un prix. Je me suis dit qu'il devait être dans un drôle de moment pour traverser la ville avec ses sacs en plastique pleins de vieux tableaux. Il devait avoir besoin d'argent. Il voulait plusieurs milliers de dollars pour l'ensemble. Mais je lui ai dit que je n'avais pas la place pour stocker tout ça. Il n'a pas insisté. J'ai eu le *Rheticus* pour le prix que j'avais fixé. »

Quarante dollars. Le tiers de la valeur de ses pinceaux et de son encre dans les boutiques parisiennes.

« Pour le reste, je lui ai indiqué une autre adresse sur le marché aux puces du Queens, pas une vraie boutique, mais des gens qui dans leur camion gardent pas mal de marchandises… »

Je l'imagine repartir avec ses sacs en plastique dans les allées du marché aux puces de Brooklyn, le numéro de téléphone d'un revendeur dans le Queens griffonné sur un papier dans la poche de son blouson. Tatiana Mindkow hésite un instant, puis me fait une proposition : « Puisque vous êtes sa fille, je peux vous revendre le tableau à quatre-vingts. C'est plus qu'un prix d'ami. Je l'ai encadré, l'ai mis en valeur. Je le ferais pour vous, je sais que je le vendrais le double, pas de doute là-dessus : les toiles de votre père marchent très bien, chez les locaux comme les touristes, les gens trouvent qu'elles font très "américaines". On m'a même demandé si ce n'était pas des reproductions de classiques, comme Rothko, ou Judd. »

Je ne l'ai pas acheté, n'ai pas eu le cœur de le retirer de la vitrine. J'ai eu envie que ce tableau rejoigne la cohorte des autres, lancés dans cette ville labyrinthique, échoués dans des restaurants, des studios, des intérieurs. Dans un appartement familial peut-être, où un enfant observera le tableau, absorbé comme seuls les enfants savent l'être, entre sidération et incompréhension. Peut-être saisira-t-il la joie du peintre à tracer formes et couleurs, la puissance de concentration qu'il a dévouée à son jeu, dans ses pérégrinations, ses égarements. Peut-être l'enfant comprendra-t-il le tableau mieux qu'ensuite, à l'âge adulte, lorsqu'il ne verra qu'un objet parmi d'autres, qu'il finira par jeter, en vidant la maison de ses parents morts.

Tatiana Mindkow semblait soulagée que je n'achète pas le *Rheticus*. Ni ne réclame les autres. Que ma destinée d'héritière s'arrête au seuil d'une boutique des puces de Brooklyn.

Lettre d'Arno Glück, New York, juin 1972

Jean-Luc,

Je suis passé à la phase centrale des Noces. *La mariée. Sa robe rouge, son air grave. Je m'y suis déjà repris à trois fois. Cette femme se dérobe dès que je m'approche d'elle. J'ai relu l'Évangile selon Jean, il n'est rien précisé sur elle, pas même son nom. Ses noces l'éclipsent. Personne n'adresse la parole à celle qui aurait dû être la reine de la fête. Ses noces deviennent celles de l'Église et des nouveaux temps. Dans ce tableau, Giotto lui redonne la place fondamentale auprès du Christ et de Marie. Mais il peint aussi sa solitude. Immobile, triste au banquet, elle nous fixe. Le regard de cette femme me sidère. Sa vie lui a été volée. Mais elle l'accepte. C'est elle la sainte. Telle que mon père aurait voulu que je le sois.*

La mariée me suit lorsque je quitte le réfectoire de la banque, lorsque je traverse la ville, me faufile entre les groupes ivres et les bandes de voyous qui jouent au couteau en bas de Pleasant Avenue. Je n'arriverai pas à peindre cette femme. Elle est un reproche vivant à ce que je suis. Je ne dors plus. Je n'avance pas, et je sens l'impatience de mes commanditaires qui viennent me voir chaque semaine, dépités de ma lenteur. Je ne peux pas leur dire que la mariée de Cana me chuchote chaque nuit que je ne suis pas à la hauteur, que je ne réussirai jamais à peindre son regard immobile, que n'est pas peintre qui veut.

Mathilde n'appelle plus, John est en voyage, je suis seul dans l'appartement de Pleasant Avenue. Je ne peins plus de haute toile en rentrant, trop fatigué par ma journée de travail. Je suis devenu un salarié de la peinture, incapable d'avancer dans sa tâche.

Jean-Luc, tu as peut-être raison : je ne suis pas l'artiste que je crois être. Tu me dis que j'ai une dernière chance si je rentre, de parler à mon père, de me réconcilier avec lui peut-être, tu me dis que c'est une question de jours, et ensuite, ce sera terminé. Mais qu'aurais-je à lui dire ?

New York, 20 février 2002

Théâtre Pacific, dans une rue adjacente à Broadway. Mathilde Chaumier me reçoit dans un bureau étroit et sans fenêtres, derrière la salle de spectacle dont on perçoit les échos des répétitions. Elle est la Mathilde des lettres de mon père. La police m'a donné son numéro de téléphone, elle a accepté de me voir aujourd'hui même. C'est une femme grande, au crâne rasé, et à l'oreille gauche percée de deux diamants. Mathilde Chaumier, Française arrivée dans les années soixante, hippie des années soixante-dix, directrice de théâtre depuis vingt ans. Elle semble à peine bouleversée lorsque je lui annonce la mort de mon père. « Il n'est pas le premier de ce temps-là à disparaître », répond-elle simplement. Ils ne se sont pas revus depuis l'année 1972. Elle est seulement surprise qu'il soit revenu à New York depuis huit ans, sans jamais l'appeler. Elle a fermé la porte de son bureau, et m'a proposé un thé vert, que j'ai refusé. Elle ne me demande pas comment il est mort. Peut-être a-t-elle deviné, puisque je n'ai pas donné de circonstances précises. Sans attendre ma première question, elle me décrit en souriant le jeune homme en pantalon de velours, au « sourire à se damner », qu'était mon père lorsqu'elle le rencontra, en septembre 1971. « Il était clair qu'il était venu dans cette ville pour réussir. À cette époque, si vous vouliez être peintre, je ne vois pas très bien où vous pouviez aller, ailleurs qu'ici. Remarquez, est-ce que c'est si différent aujourd'hui ? Enfin, il était un peu timide, difficile d'accès, oui, il y avait même des copains qui ne le supportaient pas, ils disaient, *don't bring your pastor with you next time*, c'est vrai que lorsqu'il parlait de peinture, il pouvait être solennel. Mais quand il buvait, il devenait si drôle… »

Elle porte une tunique noire dont s'échappent de longues mains et de fins poignets. Une allure de vestale New Age qui tranche avec son sourire enfantin. Elle me raconte qu'ils tournèrent un jour dans la ville du matin au soir, parce que mon père voulait absolument rencontrer un peintre qu'il adorait ; « je ne sais plus qui exactement, un Européen qui n'était plus très à la mode… Comment vous dites ? Oui c'est ça, De Kooning. On a arpenté la ville pendant des jours, avant d'arriver à son adresse. Il faut imaginer qu'on était deux provinciaux à New York. On s'est présentés en bas de chez lui, votre père avait apporté ses dessins. Le vieux n'a pas voulu le recevoir. Il faut vous dire qu'on croyait à ce genre de rencontres à l'époque. Et même si elle n'a pas eu lieu, votre père était heureux d'être allé jusqu'à chez lui. Il était un peu mystique, votre père, sur l'art. Et puis on se montait la tête l'un l'autre en discutant sans arrêt. Oui, j'étais amoureuse de lui. Mais il n'était pas le seul pour moi. Nous ne parlions pas seulement ensemble mais avec tout le monde, dès que quelqu'un se présentait. Nous n'arrêtions pas de parler à cette époque, ensemble ou avec d'autres, que nous connaissions à peine : du monde à venir, de la folie des gens de pouvoir, de la catastrophe atomique, de l'art à réinventer. C'était ça, le Village, et même au-delà : la caisse de résonance d'une discussion sans fin. Nous n'avions aucun doute sur notre responsabilité. Ni sur le fait que nous étions au seuil de l'apocalypse. Nous partagions tous une ferveur nourrie de la certitude que l'avenir, s'il avait lieu, serait à transformer, et que ce serait à nous de le faire. Votre père ? C'est vrai que ce n'était pas son sujet premier : il revenait sans cesse aux peintres européens venus ici se libérer de l'héritage, à ce que signifiait l'école américaine, à l'abstraction qu'il adorait. Il citait des noms, des phrases, en tournant dans le Village pour croiser des types qui, disait-il, étaient en train d'écrire l'histoire de l'art. Mais les rares fois où il apercevait l'un de ces peintres ou critiques qu'il vénérait, il était si timide qu'il n'osait pas l'approcher. Il faut penser que votre père en arrivant de Paris avait cet accent impossible, il parlait anglais comme une lessiveuse. D'autant plus qu'il ne prononçait jamais de phrases simples, seulement des idées qu'il lançait à ceux qu'on rencontrait, pensant toujours que cette ville était peuplée de génies, d'intellectuels, d'artistes qui comprendraient instantanément l'une des dernières théories qu'il avait lues. Il se fichait de savoir que nous étions tous plus ou moins des enfants de la classe moyenne vaguement chrétienne et matérialiste, assez peu formés à l'esthétique. Je lui disais de se détendre, mais il me regardait sans comprendre. C'était le genre de type qui aurait pris comme un affront de parler de la bière tiède ou de la soirée à venir. Mais vous l'auriez vu danser ! Enfin oui, bien sûr que vous l'avez vu danser, pardon, je sais bien que votre père en quittant cette ville n'est pas redevenu le bourgeois de Saint-Honoré qu'il était en arrivant. J'étais la seule à savoir exactement de quel milieu il venait ; les appartements à Paris, les châteaux, la boîte d'assurances, les chasses, la pension, les messes, il m'avait tout raconté un soir d'alcool. Aux autres, il disait qu'il avait grandi à la campagne. Pourquoi ? Pour l'argent. S'ils avaient su de quelle bourgeoisie il était issu, nos amis n'auraient vu en lui qu'une supposée fortune et l'auraient détesté pour ça. Ce qui est assez drôle d'ailleurs, parce que nous recevions tous un peu d'argent de nos familles, sinon nous aurions crevé de faim. Mais n'oubliez pas que le baratin marxiste était au plus haut à l'époque. Ceci dit, je ne crois pas que l'argent ait été la seule raison pour laquelle votre père mentait sur ses origines : il ne voulait en aucun cas être assimilé au milieu dont il venait, parce que dans cette bourgeoisie des Bouvreuil, il ne valait rien. Il m'avait dit ça, une fois : *je ne veux pas que l'on sache ce que je suis à Paris*. C'est-à-dire un pauvre type. Il n'arrivait pas à dépasser l'étiquette de moins-que-rien que ses frères et sœur, ses parents, lui avaient collée. *Un émotif*, disaient-ils. Il était pourtant loin d'être idiot, *my god, he was really intelligent, your father*, il savait bien que le jugement de sa famille se fondait sur un conformisme viscéral. Mais c'était ancré au plus profond de lui-même : il se soupçonnait pauvre type.

Quand j'y repense, je crois que ce que votre père gardait surtout de son milieu, c'était une politesse extrême, il remerciait tout le monde à tout bout de champ, même lorsqu'il s'agissait de fumer un joint. Une manière d'être qui le rendait aussi séduisant qu'à part. Peut-être était-ce pour cela qu'on avait le sentiment qu'il ne participait jamais vraiment à nos fêtes. Mais ce n'était pas qu'une histoire de bourgeoisie : il y avait en ville d'autres fils de bonne famille, plutôt de la côte Est, c'était les gens les plus abordables que j'aie pu rencontrer. Non, peut-être était-ce la nature de votre père : avec lui, demeurait toujours cette distance gênée qui le faisait partir à un moment précis de la soirée, saluer tout le monde, s'éclipser. Nos copains ont fini par ne plus le sentir. *You know what I mean ?* »

Cette femme se souvenait de sa jeunesse avec une précision photographique. À croire que ce temps premier avait réellement marqué une rupture dans son existence. Comme mon père. Mais alors, pourquoi ne pas avoir tenté de se retrouver ? « Il s'est enfui à Paris du jour au lendemain. Il ne m'a jamais donné de nouvelles. Je ne lui demandais pas de m'épouser, mais enfin, il aurait pu dire ce qu'il devenait, non ? En vous parlant je me dis qu'il avait honte de moi, de cette époque, et de ce que nous avions cherché à être ensemble… Ok, ce n'est pas comme si nous avions été extraordinaires, ou même prometteurs, mais nous avions été là, dans ces rues, à ce moment-là, et nous y avions cru, ça ne vaut pas rien ça, non ? Beaucoup de mes amis, et même moi, avons été sauvés par ce que nous formions ensemble pendant ces quelques années. Sauvés de nos solitudes, de nos familles, de ce qui nous attendait. Lui se tenait à l'écart ; là sans être là. Quand j'y réfléchis, je me dis que votre père était simplement un type incapable de voir ce qui l'aidait, et ce qui le coulait. Parce que franchement, pourquoi est-il rentré à Paris ? Pourquoi est-il retourné dans ce quartier, dans cette famille qui le méprisait ? Pour chercher un compromis coûte que coûte ? Vous connaissez la tirade de Handke ? "Oublie ta famille, donne des forces aux inconnus, fous-toi du drame du destin, dédaigne le malheur, apaise les conflits de ton rire." Je programme *Par les villages* tous les ans ou presque. C'est la plus vieille histoire du monde. Moi, je ne retourne chez moi qu'une fois par an. Votre père aurait pu me rendre visite, nous en aurions parlé. Peut-être qu'il n'était pas aussi intelligent que je le croyais. Je ne veux pas vous accabler. L'essentiel est de retenir de lui le jeune homme qu'il fut. Le genre de type qu'on est content d'avoir croisé dans sa vie. »

Au-dessus de l'océan Atlantique, 22 février 2002

Ma mère dort à côté de moi, ronfle légèrement. Nous sommes dans l'avion. New York a disparu, l'océan grouille obscurément sous l'appareil. Je continuerai à veiller jusqu'à l'atterrissage.

Je me heurte toujours à la dernière lettre de mon père, du 20 juin 1972, à cette phrase qu'il écrit à Jean-Luc de l'avion qui le ramène à Paris, *il est temps de quitter l'affreux printemps new-yorkais*. Dix mois et deux semaines après son arrivée à New York. Il tourne le dos à la ville où demeurent les artistes qu'il vénère. Avant cela, il déchire la plupart des dessins réalisés au cours de son travail sur *Les Noces de Cana*. Il écrit une lettre à son employeur de la banque, pour lui expliquer qu'il doit s'absenter quelques jours, pour une « affaire familiale » et conclut sobrement, « je dois enterrer mon père ». Il ment, son père a été enterré la semaine précédente, lui a annoncé Jean-Luc dans sa dernière lettre. À cette nouvelle, mon père avait répondu, *Je vois*. Deux jours après, il rentrait à Paris. Il revenait après la bataille. Sur les ruines du combat de son père contre la maladie, *le seul*, écrit-il cruellement, *qu'il ait jamais mené*. Pour consoler sa mère ? Sans doute pas, il en parle à peine dans ses lettres. Constater l'absence. Recevoir le mépris de sa famille. Il n'a plus de raison de rentrer, et c'est là qu'il décide de le faire, alors même que plus personne ne croit qu'il le fera. Alors même que le seul membre de sa famille qui l'aimait vient de mourir. Dès qu'il le pourra, assure-t-il à ses employeurs, il reviendra terminer la fresque ; *I am a man of my word*, leur assure-t-il. Grandiloquence naturelle. Mon père retourne dans ce qu'il appelle lui-même « la prison européenne » et ne reviendra pas à New York avant trente ans.

La fresque a sans doute été poursuivie par quelqu'un d'autre. Ou abandonnée. J'ai cherché sur internet une banque new-yorkaise qui afficherait une reproduction de Giotto dans la cantine du personnel. N'ai rien trouvé. Une fresque à peine ébauchée. Peut-être se sont-ils dit que Giotto n'était pas une idée très fructueuse. Ou peut-être n'ont-ils pas trouvé un peintre assez enthousiaste ou désorienté pour reprendre le projet.

Dernière phrase de la dernière lettre : *Cette ville ne m'a finalement rien donné.*

Paris, 23 février 2002

L'enterrement s'est bien passé. J'aime écrire cette phrase, parce qu'elle ne signifie rien. Donc, *l'enterrement s'est bien passé, merci et bonne journée !* Il n'y a pas d'événement moins risqué qu'un enterrement, que peut-il arriver ?

En comptant les deux employés des pompes funèbres et une jeune femme à blouson de cuir rose qui, passant dans cette allée du Père-Lachaise, s'était arrêtée parmi nous pour savourer « l'atmosphère vraie et spirituelle d'un enterrement », nous étions douze. Les conditions de la mort ne promettaient pas plus, m'expliqua l'un des croque-morts : un suicide, ce n'est jamais le carton plein. « S'il y avait du monde, y aurait pas eu de suicide », avait-il grommelé dans la camionnette mortuaire d'un air profond. Personne ne s'est demandé pourquoi nous l'enterrions plus d'un mois après sa mort. Personne n'avait envie de savoir les détails de l'enquête, ni du rapatriement du corps. Personne n'avait envie de s'encombrer de cette histoire, on me la laissait. Nous n'avons pas prévenu ses amis parisiens. Mon père ne me parlait plus d'eux. George Parson n'avait pas pu faire le voyage, Mathilde Chaumier non plus. Les frères et sœur de mon père sont tous venus, avec leurs conjoints et progénitures. Ils ne lui adressaient plus la parole lorsqu'ils le croisaient dans la rue, mais au Père-Lachaise, ils ont tenu à être là, réunis en demi-cercle et fixant le cercueil, guettant la suite. La moitié d'entre eux devait déjà entamer les nouveaux calculs de succession, mais parvenaient, plus ou moins, à compter en silence. Faire les choses dans les formes leur était naturel. Enfin, ça s'avéra un peu plus difficile pour les jeunes : certains portaient des baskets et des jeans troués. D'autres, une bonne humeur qu'ils ne parvenaient pas à dissimuler. Ils gardaient la solennité pour d'autres cérémonies, plus essentielles que la mort d'un homme.

Ma mère et moi étions en longs manteaux noirs et arborions des visages crispés, nous excusant, comme toujours, d'être là, à enterrer cet homme qui nous avait absurdement choisies un temps pour vivre.

Les frères et soeur ont prononcé une prière. Nous n'avons rien dit. Le cercueil a été déposé dans le trou. Fin de l'histoire. La nuit allait tomber.

Paris a ceci de réconfortant qu'elle offre ses crépuscules roses en toutes circonstances.

Paris a ceci de glaçant que les trottoirs des cimetières ne mènent nulle part : aucune foule des boulevards n'abolit la solitude des jeunes endeuillés.

Place Gambetta, j'ai proposé à ma mère que nous allions boire un verre, elle m'a répondu, gênée, qu'elle n'était pas sûre que ce soit une bonne idée. Devant la mairie du XXe l'attendait

Claude, au volant de sa Citroën, son habituel sourire bonhomme sur les lèvres. Elle m'a invitée à dîner chez eux, Claude avait fait des lasagnes. J'ai refusé, je n'aime pas les lasagnes de Claude, qu'il fourre de viande hachée marinée dans un mélange de vinaigre et de sucre qui me donne la nausée. J'ai embrassé ma mère, senti les os de ses hanches contre ma taille. Et les ailes de colibri repliées dans son dos.

Paris, 23 février 2002

J'ai commencé par boire trois verres chez moi. Du vin australien ; 15,5 degrés, parfum de valériane, marteau sur la tête. Seule bouteille dans mon placard de cuisine. Trois verres n'est pas boire, trois verres est se garantir une bouée dans l'eau glacée de la Seine. Est-elle si froide ? Rires. Les rires enregistrés résonnent dans mon cerveau comme dans les sitcoms : l'audience invisible, le bouton dans la régie, rires. New York m'a laissée échouée à Paris. Une ville si peu océanique. Si peu d'embruns, si peu d'échappées. Je ne voudrais pas me jeter dans la Seine : eau tiède et visqueuse, comme nager dans l'argile. En ressortir statue.

J'ai appelé Felix. Il a eu l'air surpris. J'ai dit que le voyage avait été un peu rude. J'ai ajouté que j'avais enterré mon père deux heures plus tôt. Il a parlé de lui d'une manière affectée qui ne lui ressemble pas, *cet homme a tracé sa voie avec tant d'évidence*. J'avais envie de le voir, au plus vite.

— Je donne un concert ce soir, ça va être compliqué, mais on s'appelle dans la semaine.

— Il est où ton concert ?

— Franchement Nat, tu t'en fous de mes concerts, t'es pas venue me voir depuis des années…

— Il est où ?

— Non mais Nat, on pourra même pas parler, tu sais comment c'est, tu vas t'emmerder et ça va durer.

— Il est où ?

— Écoute, prenons un verre dans une heure, avant le concert, ça te va ?

— Ok, oui, ça me ferait plaisir.

— Faut que je te laisse, les gars m'appellent.

Suzanne m'a écrit ensuite, *Alors l'enterrement, c'était cool ?* J'ai répondu : *La fête du siècle.* Rires. Elle a ajouté : *Va te changer les idées. — C'est prévu. — Je pense fort à toi. — Je sais.*

Je suis allée faire un tour. Le vent place de la République me poussait dans les petites rues adjacentes. J'avais oublié mon appareil photo. Les filles et les gars que je croisais étaient invariablement tatoués. Je n'ai rien de si précieux en moi qu'il faille souligner par un signe. Sinon, j'inscrirais sur mon dos : *rien à ajouter*. J'ai gardé le manteau noir en peau de bête prêté par ma mère pour l'enterrement. Je l'ai boutonné haut. Manchons et col de fourrure, en astrakan. Elle l'avait emprunté sur un tournage il y a vingt ans et jamais rendu. Un peu russe. Peut-être une version télé d'*Anna Karénine*. Je n'ai jamais lu *Anna Karénine*. J'ai vu le film de Duvivier. Quatre fois. Fétiche de mon père, Vivien Leigh. Le grotesque de Vivien Leigh. Rires. Ses doigts nerveux dans le train, toujours les trains, elle devrait prendre l'avion, si apaisant l'aéroport, les boutiques duty free, la musique des cabines d'essayage. Rires. La nervosité d'Anna Karénine vient de sa passion du sexe. Le nombre de filles nerveuses que je croise ici comme à New York. La vitesse des mots, des gestes, des émotions d'Anna Karénine.

Fille jetée sur les rails en manteau de fourrure. Paumée en astrakan. Problème de riche. Rires.

Je suis rentrée. Pour ne pas me resservir un verre, j'essayais de me concentrer sur les heures à venir. Retrouver Felix. Se réfugier auprès de Felix. Croire en Felix. Croire en l'amour avec Felix.

À dix-sept ans, Felix avait l'habitude de tenir à haute voix une chronique de notre histoire, *tu portais cette robe en coton clair, tu m'as retrouvé après le lycée et nous avons marché une heure*. Il revenait au samedi de notre rencontre au Palais de Tokyo, moi sur patins et lui sur skate, décrivait la peur qu'il avait éprouvée, que je l'ignore, qu'il doive retourner à son quotidien sans me connaître. *J'ai cru un instant que notre histoire ne naîtrait jamais*. Il ne craignait pas que nous nous séparions, il n'en voyait même pas la possibilité. Seul le néant nous avait guettés : *j'aurais pu ne jamais t'entendre rire*, il faisait preuve d'un lyrisme abrupt, parlait de mes « yeux changeants », me comparait à la Marie de *L'Étranger*. Il était maladroit et passionné. D'une gravité propre aux garçons de dix-sept ans. Conscient à l'excès de ce qui lui arrivait, comme moi, nous disions : *notre histoire est la première grande chance de notre vie.* Felix et moi étions perchés sur un carrosse qui roulait à toute berzingue vers le Gibus ou les quais de Seine, la rue de Rivoli ou les jardins publics, selon la saison et nos envies. Un carrosse qui parfois nous laissait simplement tous deux dans ma chambre, enlacés jusqu'au soir. Nous discutions, dansions, nous caressions sans cesse, mais savions qu'il se passait autre chose : une rupture. La vie se cassait, l'enfance s'échappait et s'écoulait à nos pieds, sans que nous prenions un instant pour la regretter.

Mes parents l'avaient accueilli avec chaleur, « comme si j'avais toujours fait partie de la famille ». Pour donner le change à Felix, ou peut-être parce qu'elle y croyait encore un peu, ma mère passait le dimanche à la maison et nous déjeunions tous les quatre. Pour l'occasion, elle faisait même la cuisine, des spaghettis et du brownie, à volonté. Felix, qui venait d'une famille nombreuse, fuyait les cris qui traversaient son appartement sans répit. La rue de Rivoli devenait un havre pour lui, sans qu'il soupçonne que notre paix apparente n'était que la brise qui court au sol avant l'orage. En apprenant la mort de mon père, il m'avait envoyé ce message : *La lumière de nos déjeuners, les silhouettes de chacun affairé dans la cuisine, le tournoiement de tes parents autour de la table, l'odeur du chocolat cuit, les phrases rituelles d'Arnaud, ses blagues inchangées chaque week-end, se gravent en lignes colorées dans la mémoire de mes dix-sept ans. « Le bonheur surgit sans prévenir, et dépasse tout ce qu'on peut dire sur lui. » Le poète a toujours raison ; depuis ces déjeuners, je ne dis plus un mot du bonheur.*

Je pense finir la bouteille avant de retrouver Felix.

AUTOPORTRAIT 7 – Une oreille, minuscule. Qui pourrait être une oreille d'enfant. Mais qui ne l'est pas. Saisie hors du visage, dans le profil, découpée dans la viande. Une oreille qui est un coquillage orphelin, dépareillée de son double. Sa vulnérabilité l'a faite comique. Elle semble dressée, comme celle d'une jeune louve, guettant un appel de la forêt ou d'un membre de sa meute, n'importe quel sifflement, n'importe quel signe qui lui assurerait qu'elle n'est pas seule, cette oreille, pas complètement seule, sous les toits d'ardoise d'un immeuble parisien qui ressemble tant à la perte et au silence, dans cette rue où tant d'autres oreilles, appartenant à tant d'autres jeunes personnes, guettent un signe fraternel.

Paris, 23 février 2002

Une brasserie graisseuse sur les grands boulevards : on y avale un sandwich à midi, un banana split à seize heures, une petite Suze à vingt-trois heures. Felix portait un tee-shirt sous un blouson de cuir. Il ne m'a pas embrassée en arrivant, simplement prise dans ses bras, s'est assis. Je l'attendais devant un verre de chardonnay. *Drôle d'endroit pour une rencontre.* Le film de mes sept ans, vu au Cinéma des Cinéastes entre mes deux parents. Deneuve et Depardieu sur un parking au bord de l'autoroute. « Ça sent la poule de luxe », il lui dit. Elle ne se choque pas. Paumée au bord de la route. Un autre chardonnay, s'il vous plaît.

Felix parlait et ne disait rien. Il évoqua sa stupeur à la nouvelle de la mort de mon père, et mon départ immédiat. Pour savoir comment j'allais, il avait appelé tout le monde, jusqu'à ma mère. Sauf moi. Enfin si, un message en trois semaines. Il me demanda si ça n'avait pas été trop dur. J'ai répondu, « Non, ça va ». Et puis, j'osai : « Pourquoi tu n'es pas venu me rejoindre à New York ? » Je veux croire que les choses auraient été différentes s'il avait été là, dans mon studio de Canal Street, pendant ces trois semaines. « J'ai été pris dans mes affaires, tu sais comme c'est. » Nous avons laissé un silence s'installer, et les images de notre passé se faufiler. Les après-midis dans la chambre de Rivoli. Notre première nuit. Sa phrase que je n'ai pas oubliée, *Le sexe est un jeu, mon amour, seulement un jeu*. Felix m'a demandé si je croyais que mon père serait mort de la même manière à Paris. Je ne m'étais pas posé la question. M'est revenue une inscription sur une pierre tombale au Louvre, dans la section réservée aux Assyriens, *Vis où tu veux, meurs où tu dois*. Il a hoché la tête d'un air profond. Il n'en demandait pas plus.

Il a parlé de New York, des tours, et d'une guerre qui pourrait avoir lieu. Il m'a interrogée sur l'atmosphère de la ville. J'ai essayé d'être précise, comme si j'avais traversé l'Atlantique en reportage, et non arrachée à moi-même. Il n'a pas posé de question sur les détails de la mort de mon père. J'aurais aimé lui raconter le coup de feu, la chaise, le fils qui nettoie les dalles, le pistolet acheté dans l'armurerie de Wistariatown, Mrs Samson et son épaule de plastique. Il n'a pas voulu savoir. Trop scabreux. Felix est le genre d'homme qui ne pose pas de questions intimes. Il a demandé si j'avais vu les ruines des tours.

— Oui, j'y suis allée en arrivant.

— Et alors ?

— Comme tu l'imagines.

Il voulait plus. Je ne savais pas dire plus.

— C'est vaste. Et la poussière brouille la vue et s'immisce dans la gorge, malgré les pompiers, malgré les recherches qui se poursuivent.

Et la cendre. J'ai parlé de la cendre. Il buvait son café goulûment. La surprise est venue : un coucher de soleil sur l'arche de la porte Saint-Martin. Les visages autour de nous luisaient dans un brasier brusque, sans chaleur. Le front, les tempes de Felix rougeoyaient. J'aurais aimé lui dire que ces trois dernières semaines, j'avais tourné en rond dans une ville sans issue, tenant mon téléphone devant moi comme un sourcier son bâton de pluie, et qu'il n'avait jamais appelé.

Il devait bientôt partir, « Je suis désolé pour toi, qu'il soit mort si vite », il a sorti un billet de sa poche, ses doigts tremblaient. Je demeurais assise devant mon troisième verre vide, des enfants martelaient la table d'à côté avec des gobelets en plastique, je devais trouver un mot, n'importe lequel. Il a fait signe à la serveuse. Je lui ai attrapé le poignet, il s'est laissé faire :

— Peut-être que je pourrai t'accompagner au concert ce soir ?

— Non, pas ce soir.

— Alors demain ?

— Oui, on verra.

Le sourire de ses dix-sept ans, la gêne, le front plissé, le regard de biais. « Il a des airs de Paul Newman, ton ami », m'avait un jour lancé ma mère après l'un de nos déjeuners du dimanche. Et Felix de rougir et s'échauffer. Ses mains se sont avancées vers moi, l'habitude de l'étreinte. J'ai murmuré, « Peut-être que nous deux, Felix, ce ne serait pas une si mauvaise idée… ». Il fixa soudain un point derrière mon épaule, ses mains retombèrent, je me retournai : une jeune femme, souriante, à frange, portant une combinaison vichy sur des collants turquoise, des jambes arquées, un sourire impeccable, des dents alignées. À peine vingt ans. Felix a attrapé sa main, et a dit, *Je te présente Lucie*.

Je leur ai fait signe de s'asseoir, « Nous pourrions prendre un verre tous les trois », mais ils devaient partir. Lucie me détaillait de bas en haut : bottines pointues en simili-croco jaune, chemisier transparent et le manteau à col d'astrakan du cimetière, abandonné sur ma chaise. Je m'étais appliquée à être sexy et désinvolte. Sûr qu'elle devait se sentir battue à plates coutures, dans sa combi de monstrueux bambin.

Ils m'embrassèrent, puis exercèrent la fameuse mansuétude des couples sereins : « On se revoit bientôt ? » Felix ne semblait plus mal à l'aise. Il était devenu l'acteur parfait, le granit sur lequel le passé s'évapore.

« Super idée », je me suis entendue répondre. Lucie brandit le pouce vers le haut, jeta un dernier rire adressé au vide. Je les ai suivis des yeux par la vitre : je n'avais pas oublié comme je retenais mon souffle lorsque ainsi il enserrait mes épaules. J'ai commandé un chardonnay. Le cinquième fut offert par la maison. Je suis descendue dans le métro, me suis trompée de direction, endormie à Opéra, réveillée Porte-de-Vanves. J'ai vacillé sur deux ou trois quais, repoussé des sans-abris qui me ressemblaient un peu. J'ai repris la ligne 13 ; c'est là que je l'ai vu. Au fond de la rame, parmi bonnets et casquettes : un feutre brun. Ma mère le lui avait rapporté d'un tournage, il le portait pour lui faire plaisir et pour me faire rire. Il avait une tête à chapeaux, le visage mince, le profil taillé en couteau d'ivoire. Certains soirs, il dansait sur *Chelsea Hotel* et le lançait en l'air, pour qu'il retombe sur ma tête. Je ne l'ai pas cherché dans la maison des bois, ce feutre brun au bandeau de velours noir. Mais dans le métro, cette nuit, j'ai vu le chapeau sur la tête d'un homme assis, il n'était pas proche, mais pas si lointain non plus, peut-être quinze ou trente mètres. Qui porte un feutre dans le métro à minuit ? Qui joue à la *French Connection* Porte-de-Vanves ? J'ai voulu m'approcher pour savoir à quoi ressemblait ce passager dont les traits m'étaient dissimulés par le chapeau, mais à l'instant où il s'apprêtait à tourner son visage vers moi, un homme énorme se plaça entre nous deux, et le chapeau descendit à Gaîté. J'aurais pu lui courir après. Que lui aurais-je dit ? *Je connais celui qui vous a donné ce chapeau.* Ou, *je connais celui à qui vous avez volé ce chapeau.* Ou, *je sais où vous avez volé ce chapeau. Dans une maison loin d'ici, entre une mare et des bois où je ne retournerai jamais.*

Paris, 25 février 2002

Nina Simone a tenu douze minutes sur scène, jusqu'à ce qu'elle ne puisse plus chanter. « Alcool et hot dogs à très haute dose », accuse un critique américain du *New York Times*. C'est New York qui l'a mise à terre. Ces gens qui l'honorent désormais si mal. Ils le regretteront un jour, comme Vienne ne s'est jamais remise d'avoir balancé Mozart dans une fosse commune. Mais il y eut, raconte le critique, dans cette petite salle de Brooklyn, une centaine d'aficionados qui s'époumonèrent pour lui rendre hommage. « Elle s'est présentée en robe dorée à franges, maquillée en déesse païenne, lourde et inaltérable, elle a chanté *Strange Fruit* sans une faute, sans une hésitation. Nous l'avons soutenue, jusqu'au bout de ses douze minutes. Même lorsqu'elle ne tenait plus debout, et qu'elle s'est agrippée à une chaise pour ne pas tomber, nous continuions à l'applaudir. »

Oui, je crois que Dieu ressemble à cette femme.

Paris, 26 février 2002

L'agence m'a appelée pour la photo d'un écrivain, en dernière page d'un quotidien. Je n'ai pas l'habitude des écrivains, et n'aime pas ça. Mais j'aurais pu photographier une limace un jour de pluie ; j'avais vraiment besoin de sortir de chez moi. Je me suis rendue dans un théâtre privé derrière la place Colette. À tous les coups, je me disais, il ne saura pas poser, se croira au-dessus des images. Celui-là est un dramaturge connu. Assez pour qu'un théâtre ouvre, en pleine journée, afin de réaliser sa photo. Râblé, en chemise fatiguée. Mal coiffé, petit, la peau mate. Désagréable, par principe ou par nature, difficile à dire. Sans doute par principe, il s'avérait pugnace dans sa mauvaise humeur. Soulignait mes dix minutes de retard. Insistait sur le peu de temps qu'il aurait à m'accorder. Ses remarques m'amusaient, j'en souriais, il s'agaçait. J'installai mon matériel, sortis les lumières dans le couloir de marbre du théâtre. Pour passer le temps, il parlait. Il sortait d'une médiocre interview. Le journaliste n'avait à l'évidence pas fini son livre. « C'est dur, de devoir parler à quelqu'un qui ne vous comprend pas. De ne pas pouvoir expliquer ce qui vous tient vraiment à cœur. » Je ne sais pas s'il attendait un mouvement de compassion, je lui tournais le dos pour tester la lumière. Et puis il y avait son attachée de presse qu'il ne parvenait pas à joindre. Il m'a demandé si j'avais lu son livre. Je lui ai dit que je n'avais pas été embauchée pour ça. Il a compris qu'il avait affaire à une teigne. « J'ai réussi à vous faire taire », je lui ai lancé, pour détendre un peu l'atmosphère, il a tourné vers moi ses yeux plissés, « Vous en êtes fière ? ». Je lui ai proposé de s'asseoir sur la scène, il m'a répondu qu'il ne le sentait pas, je le devinais tétanisé : il avait de ces physiques qui ne se plient à aucune image, sans beauté ni difformité, crâne ovale, bajoues, nez effacé. Ils sont quelques-uns, cauchemars des photographes, il faut alors miser sur le décor, les contours, mais cette salle de spectacle à l'italienne, dans son opulence et son classicisme, me déprimait. Je cherchais une plante, une ombre, mon imaginaire pédalait dans le vide, je ne savais pas pourquoi j'étais là, et pas chez moi à entamer mon cinquante et unième jour de deuil au vin blanc avec Sunny.

Le type continuait à parler, il était du genre à ne pas aimer les silences, « Vous savez, avec votre manteau de fourrure, vous me faites penser à une histoire. Je vous la raconte ? On a bien le temps puisque vous avez l'air à court d'idée ». J'ai haussé les épaules, me suis assise à côté de lui, dans cette salle où sa voix résonnait, sourde, comme s'il chantait dans un coussin : « C'était un jour à Londres, j'étais en boîte avec ma copine, et en sortant, dans la rue, on a croisé un couple épatant : une femme en fourrure blanche des pieds à la tête, une rousse, le type Veronica Lake, vous voyez ? Non, vous êtes trop jeune. Alors Julia Roberts, oui ? Enfin, une allure provocante, presque irréelle dans le scintillement de la fourrure. Son mari n'en était pas effacé, manteau long, mocassins vernis ; un classicisme princier. On aurait pu les croire échappés de la famille royale, britannique ou autre, tant ils semblaient léviter au-dessus de nos allures quelconques. Ils attendaient leur taxi, n'échangeaient pas un mot. Ils n'avaient pas vu les trois gars qui les guettaient en face : moi, je les avais repérés, mais je n'ai compris pourquoi ils étaient là que lorsqu'ils ont glissé leurs cagoules sur leurs visages. J'ai voulu crier, prévenir le couple, c'était trop tard, les trois avaient préparé leur coup et fonçaient sur le manteau en renard blanc flottant sur la fine silhouette de la femme. Ils se lancèrent sur elle, pot de miel à la main : l'un le tenait, l'autre plongeait sa cuillère, le troisième jetait le liquide. À trois reprises, il gicla sur le manteau : trois traînées brunes s'y inscrivirent. La fille hurlait et jeta le manteau à ses pieds comme s'il la brûlait, et le piétina, gueulant, *son of a bitch*. On ne savait si elle s'adressait à ses agresseurs ou au renard, dont elle voyait soudain la gueule ouverte et ricanante dans les plis de son manteau. Elle pleurait, humiliée, il faisait froid, elle ne portait qu'une robe minuscule, une sorte de nuisette en strass mauve. L'homme qui l'accompagnait ne pouvait pas la calmer : il était parti à la suite des gars dès qu'ils s'étaient enfuis dans la rue, il leur courait après avec une vitesse stupéfiante. Il n'a pas pris deux minutes pour rattraper le dernier. Un gringalet. Il l'a saisi par son blouson, l'a ramené à lui, l'a frappé en plein visage deux ou trois fois, et l'a jeté à terre. Mais, et c'est là que je n'ai soudain plus compris à quoi j'assistais, il ne s'est pas arrêté là ; il a commencé à donner des coups de pied au type à terre. Pas une fois, pas deux fois, mais une dizaine de fois. Le type s'était roulé en boule et geignait, mais le mari continuait, et dans le noir, je voyais son mocassin aller et revenir vers le corps. J'ai gueulé, lui ai dit de s'arrêter, mais rien ne le retenait. Ce devait être un habitué des salles de gym, champion de polo ou de ski, quand l'autre n'était qu'un militant, peut-être un binoclard qui lisait jour et nuit des penseurs animalistes dans la fumée de sa chambre, jusqu'au moment où, pour se sentir exister, il était allé chercher un pot de miel chez sa mère, et avait guetté les bourgeoises à la sortie d'une boîte trendy de Londres. Mais rien, ni le club de polo de l'un, ni le pot de miel de l'autre, ne devait aboutir à cette rue, à ce type qui était en train d'en tuer un autre. Pourtant il était là, le petit gars, geignant sous sa cagoule, mis à terre. Et l'autre, méthodiquement, lui flanquait des coups de pied, dans le torse, le ventre, les cuisses, avec une furie froide. Jusqu'à ce que le militant cesse de bouger. Alors, l'élégant s'est détourné de lui, a rejoint sa femme, retiré son propre manteau, et l'a jeté sur ses épaules. Les deux ont ensuite disparu dans la rue, l'un en costume clair à fines rayures, l'autre dans un manteau d'homme qui lui donnait un peu plus de panache. Que restait-il sous nos yeux ? Un corps en travers de la chaussée. Le sang noir sur le trottoir. Et le manteau foutu, les renards achevés, mais sans superbe, et c'était bien là leur destin. » L'écrivain a conclu son histoire par un large sourire, comme il aurait raconté la blague du siècle. « Et vous avez appelé les secours ? » Il m'a regardée avec condescendance, « Oui, enfin non, le videur de la boîte, qui avait tout vu, l'a fait. Le type n'a pas réussi à se relever jusqu'à ce que l'ambulance arrive. Je ne sais pas ce qu'il est devenu ». Ses traits se détendaient, il s'est allongé sur deux fauteuils, il était bon pour ma photo. Un homme couché au milieu de l'orchestre, un peu posé et ironique à la Leibovitz. Lorsque je rangeai mes affaires, il resta à côté de moi, et me demanda, « Vous ne trouvez pas que le rouge, ça me fait une gueule de cadavre ? Il faudrait retravailler l'image pour colorer un peu le teint ». J'ai acquiescé, n'ai jamais retravaillé un visage, mais si ça lui faisait plaisir de le croire.

Il est parti dans ses vêtements froissés et sa mauvaise humeur retrouvée. Un instant, je lui ai été reconnaissante. De m'avouer que lui aussi porte des lieux sombres et des corps au sol, dont il ne parvient pas à se défaire.

Il faisait déjà nuit lorsque je suis sortie du théâtre, encombrée de mon matériel. J'ai appelé un taxi.

Dans la voiture, j'ai eu envie de bavarder : « Ici, il fait bien chaud, c'est pas un luxe par une nuit si glacée, peut-être que viendra la neige, il n'y a pas grand monde dans la rue, heureusement que vous êtes là. »

Le chauffeur se retourna vers moi, me répondit que c'était la nuit la plus froide de l'année, ils l'avaient dit à la radio, mais dans son taxi, j'étais à l'abri. « Ce serait dommage, une belle femme comme vous ne doit pas tomber malade. » Il m'a proposé de mettre de la musique. « Mais on peut parler aussi. »

Oui, je veux bien parler, « C'est mon anniversaire aujourd'hui ».

Je ne sais pas pourquoi j'ai dit ça. Parce que ça sonnait mieux que « J'ai enterré mon père il y a trois jours ».

Le chauffeur m'a félicitée et m'a annoncé qu'il m'offrait la course. Je lui ai demandé de me conduire dans un bar d'une ruelle derrière la Porte Saint-Martin où j'allais il y a quelques années avec des amis. « Je n'ai pas l'habitude de boire seule le soir de mon anniversaire, je suis en voyage à Paris et je ne connais personne ; on m'a dit qu'il y avait des bons cocktails dans ce bar. Si vous aviez envie d'une pause, vous pourriez peut-être m'accompagner ? »

En m'asseyant dans le fauteuil de cuir m'est revenue cette image de Christian Boltanski, *La Dernière Danse*. Fragment retrouvé d'un couple dansant sur un bateau : ils sont deux juifs roumains qui viennent de fuir leur pays en 1942, et patientent en mer Noire sur un bateau, le *Struma*, qui doit les mener en Palestine. Le bateau est peuplé de rescapés juifs roumains en attente d'une nouvelle existence. Le *Struma* et ses 770 passagers seront torpillés au large d'Istanbul par un sous-marin soviétique après plusieurs semaines de calvaire dans le port. Il n'y aura qu'un seul survivant. Sur la photo retrouvée de Boltanski, les deux jeunes gens dansent, et même si l'on devine à peine leurs traits, leur joie est indéniable. Notre connaissance de leur mort imminente ne peut l'atténuer. C'est *La Dernière Danse*, et elle est incroyablement vivante. Nous sommes presque gênés, nous, spectateurs, d'être si heureux pour eux, si proches du soulagement extatique qui se lit dans leurs gestes, leurs traits. L'archive a beau nous parler d'histoire, nous nous sentons intrusifs face à ces deux jeunes gens. Nous nous sentons fautifs aussi de leur mort à venir, que nous connaissons et qu'ils ignorent. Mais l'image demeure, au-delà de nos cas de conscience. Boltanski nous transmet la photographie du couple, l'arrache à la mer qui recouvre les corps de cette femme et de cet homme sans noms depuis le siècle dernier. Il redonne à la photographie son rôle de preuve : ici, il y eut un moment de grâce.

Je pensais aux traits effacés des deux jeunes Roumains jetés dans le présent avec fureur face aux mains glabres du chauffeur de taxi qui enserraient la bière. Je n'en ai rien dit, dans ce bar où nous ne pouvions échanger trois phrases, comment parler du *Struma* et du sens des images dans des moments d'effondrement ? Mais l'image demeurait, la blancheur des sourires de ces anonymes, dans l'air doux du chauffeur de taxi. Il sentait le gel douche, m'écoutait, et ne pouvait pas payer plus de trois bières. Il s'appelait Martin, hésitait à nous commander une quatrième bière. « C'est pour moi, bien sûr », j'ai prévenu, il était soulagé.

La suite ? La voiture garée dans une ruelle au bord du canal Saint-Martin, moteur tournant, chauffage à fond, et l'habileté taiseuse de Martin. Ses mains lisses et soignées auxquelles je pense encore. Comme un répit atteint au milieu de la nuit.

Paris, 1er mars 2002

Suzanne ne veut plus entendre parler du métier de vendeuse. Elle va désormais se vouer à une nouvelle carrière qui, déjà, me dit-elle, lui tend les bras.

Elle me l'a raconté hier soir au téléphone, elle vient de passer une audition, est très confiante.

Si je la rejoins bientôt à New York, m'assure-t-elle, je pourrais aussi tenter ma chance, et « nous serions alors les deux visages prometteurs de la comédie musicale qui cartonne en ville ». Je lui demande d'où lui est venue cette drôle d'idée, alors même qu'à ma connaissance, elle ne sait ni chanter ni danser, elle rigole et m'explique :

« J'ai répondu à une annonce en ligne, pour une comédie musicale qui s'appelle *Guys and Dolls*, un classique avec une nonne, un joueur professionnel, une danseuse type showgirl, et un bel héritier. Il paraît que c'est très connu ici. Ça se passe dans un New York des années cinquante, lieu "de toutes les opportunités et de toutes les cruautés". Je te lis l'annonce : "PERSONS 16+ OF ALL ETHNICITIES, GENDER EXPRESSIONS, CULTURAL HERITAGE / BACKGROUND AND BODY TYPES ARE ENCOURAGED TO AUDITION."

C'était évident, non, que j'avais mes chances ? Je me suis présentée à huit heures au théâtre Pacific. L'audition avait lieu dans une vraie salle de répétition : noire, haute, quelques gradins. J'étais presque impressionnée. Assise au premier rang, une femme assez classe, genre cinquantaine en tailleur-pantalon, s'est tournée vers moi et m'a souri. Je me suis dit que j'étais pas trop mal partie. Même si je ne sais pas chanter, c'est vrai. Mais tout s'apprend, non ? Des dizaines de filles étaient assises sur les gradins et attendaient leur tour. Athlétiques, pas maquillées. Une assistante m'a tendu un texte, et m'a montré un coin dans l'ombre pour me préparer. Une scène courte : une fille rencontre un gars, et l'aime au premier regard. Pas de temps à perdre. *How beautiful you are !* doit s'exclamer la fille à la vue du type. Trois fois. *Comme vous êtes beau !* Sur le plateau, une fille chantait. Un air d'ancienne comédie musicale, peut-être *Singing in the rain*. La fille en leggings, ses jambes interminables, ses narines à peine rincées de la coke du matin, avec cet air vieillot, ça ne collait pas trop. Mais elle savait offrir son visage à l'objectif. *Une présence*, a dit la directrice de casting. D'autres filles défilèrent ensuite. Certaines jouaient naturelles, d'autres n'arrivaient même pas à prononcer une phrase. Elles le jugeaient si beau, l'amant invisible. Je cogitai en me demandant comment j'allais faire : il suffisait de repenser au plus bel homme rencontré. Je ne me fixai sur aucun. Une fille suppliait sur scène.

Aucun homme, beau ou laid, n'aurait accroché. La directrice de casting lui a fait signe de sortir. Ensuite, quelques prestations métalliques de filles droguées. Ou sous cachetons, difficile à dire : la distance, l'apathie, le sourire fixe. Leurs lèvres comme retenues par des filins métalliques. Et l'odeur des aisselles. Antidépresseurs ou autre chose. *Comme vous êtes beau !* Déclamé par un robot mixeur. La directrice de casting les évinçait une à une. Le temps ne passait pas dans cette boîte noire. Tant de corps, de sourires, d'éclats, de *propositions*. Et moi, simplement venue avec ma "présence". *Comme vous êtes beau !* Je n'ai jamais dit ça à un homme. Pas sûr même que j'aie éprouvé un jour le désir de le dire à quelqu'un. Peut-être une fois, si, à Serge. Un garçon de dix-huit ans, encore un peu vierge. Rencontré en boîte. Des lèvres comme dessinées au crayon.

Et puis ça a été mon tour.

Les lumières m'aveuglaient, les autres filles devenaient des cercles noir et or qui flottaient dans l'obscurité. *Comme vous êtes beau !* La directrice de casting m'a dit, *Reprends en essayant de ne pas penser.*

You're thinking too much.

J'ai senti le désir avec lequel elle me poussait à cracher cette foutue phrase avec justesse. Et ça m'a galvanisée. Au bout de trois essais, elle m'a fait un signe, avait l'air contente. J'ai fait une série de portraits pour l'affiche. C'est maintenant que j'arrive au point de bascule, je le sens. Et si moi elle m'a prise, elle te prendra aussi. Ou alors tu pourrais faire les photos du spectacle ? Franchement, reviens, on va bien se marrer, je le sens. Qu'est-ce qui te retient à Paris ? Ta mère ? Ton boulot ? Ta chienne ? Rien de sérieux, non ? »

Les mots de Suzanne résonnent en moi. Écho d'un écho lointain, hors de la prison européenne. Par son histoire, elle m'a inoculé des images, comme elle aurait diffusé un poison coloré dans mon cerveau : des filles dans une salle de répétition. Des visages épuisés et tenaces, des mains s'agrippant au vide, des corps en déséquilibre qui guettent la reconnaissance. À défaut d'amour. À défaut d'opulence. Plus Suzanne parlait, plus je regrettais de ne pas avoir été à ses côtés dans ce sous-sol de Broadway, non pour tenter ma chance, je ne serais jamais devant l'objectif, ce n'est pas ma nature, mais pour saisir ces passantes qui donnent le meilleur d'elles-mêmes, dans une boîte noire, sous le regard tranchant d'une directrice de casting. Corps de jeunes filles face à la loi. Le système est le même dans chaque ville pour trier les filles de passage : donne-toi et dis merci. J'aurais voulu les saisir juste avant qu'elles disent merci. Quand elles croient qu'elles sont sur le point de basculer et de prendre le pouvoir. J'aurais pu les toucher, ces filles d'audition, comme Dorothea Lange pose son regard sur le genou de la femme aux bas filés, dans une rue de San Francisco. Les connaître, par l'image. Les rejoindre, par l'image. Les sortir de la contingence, par l'image. J'ai pensé que la photo serait alors, pour moi, comme pour elles, la fin de la solitude. Voilà le poison que m'a transmis Suzanne par son histoire d'audition : une mégalomanie de photographe. Des images et encore des images qui surgissent dans mon cerveau et se bousculent pour sortir comme des moutons d'un enclos. J'aurais aimé lui prendre la main, comme nous l'avions fait dans le bar près de l'Hudson deux semaines plus tôt, et la remercier de m'ouvrir des perspectives inconnues, simplement en me racontant sa vie. Et moi qui me tiens assise sous le Velux de la petite rue derrière République, je suis un instant à la Pulcheria, croyant entendre gronder l'Hudson, et observant par la vitre des jeunes gens en costume de flanelle ou en bas résille courir vers un rêve de spéculation et de seconde chance. Je vois aussi les prédicateurs arpenter les avenues, sous le regard des illuminés aux yeux rouges qui se tiennent aux murs des églises et s'endorment sur les bancs des parcs. J'ai promis à Suzanne de la rappeler dans deux jours ; qu'elle me transmette encore cette chose frivole et rare qui s'appelle le présent.

Paris, 8 mars 2002

J'ai dix-huit ans, une dernière fois. Nous vivons lui et moi rue de Rivoli. Ma mère est en déplacement trois semaines sur quatre. Le soleil de l'après-midi éclaire toujours la balançoire, mais la table chinoise s'assombrit sous une pellicule de graisse. Aux murs, les rayures noires et mauves se confondent et baignent la pièce d'une lueur de chapelle. Le projecteur est bloqué, personne ne s'est donné la peine de le réparer. Plus de vin blanc, ni de film les samedis soir. Nos spectres sont allés réinventer l'art dans d'autres salons obscurs.

C'est un lundi matin de grèves. Je dors. Mon père travaille dans la cuisine. À huit heures trente, Felix tambourine contre la porte. Plus de deux semaines que je l'évite, ne réponds plus à ses lettres, sors par une porte dérobée du lycée pour ne pas le croiser. Il gueule « Nathalie ! » dans la cage d'escalier. Je me réveille, mets l'oreiller sur ma tête. Je devrais lui parler. Lui raconter l'homme que j'ai rencontré : l'appartement sur les hauts de Belleville, le matelas jeté au sol, les bibliothèques couvrant les murs. Dans ce lieu qui semble inhabité tant il est sobre, avec cet homme qui n'a rien d'exceptionnel, je découvre un plaisir qui m'était jusque-là inconnu. Le vertige cotonneux de s'abandonner en plein jour, à l'heure du lycée. Le sexe sans paroles, sans promesses. Une extase que je n'ai jamais connue avec Felix, et qui, en quelques jours, a balayé deux ans d'amour. Nous formons, avec l'homme que j'ai rencontré un soir de pluie, un couple qui ne se nomme pas, mais qui m'ordonne chaque soir ou presque de le rejoindre à l'autre bout de la ville.

Je mens à Felix, à mes amis, j'invente un cours de danse le mardi soir. Je m'anesthésie dans ma fuite, et le plaisir que je découvre. Je m'abandonne sur le matelas de l'inconnu, puis dans le bus, le 62, le dernier, qui me ramène chez moi à 0 : 22. Ce rituel efface tous les anciens. Une nouvelle ère commence, et elle est incontestable.

J'ignore que je suis amoureuse d'un homme qui ne m'aimera jamais. Que ce sera là mon entrée dans l'âge adulte. Et que cette entrée sera marquée par ma lâcheté : je ne parviendrai pas à avouer à Felix les raisons de ma fuite.

De l'autre côté de la porte, il se remet à tambouriner. Il reprend son scandale, m'appelle, promet qu'il fera venir les flics s'il le faut, qu'il restera tant que je ne lui parlerai pas. J'entends mon père se lever, énervé, le garçon va réveiller tout l'immeuble, et les loyers déjà traînent, pas la peine d'en rajouter. Il traverse le salon en peignoir et pantalon de pyjama. Il marche doucement, il est désormais accompagné d'une étrange peur de commis de bureau, craint le bruit, croit entendre les voisins sans cesse, avance les épaules rentrées.

Ma chambre commence à brûler d'un froid polaire. Je ne bouge pas, fume une cigarette, laisse la cendre glisser sur le drap. Je n'ai pas le courage de l'affronter, non. Mais même si j'en avais, je ne saurais pas quoi dire : j'ai cessé de l'aimer si vite. Pour la peau et les gestes d'un autre. Des mains rêches comme du papier Canson, un sourire offert à tous et à personne. Mais voilà, le bus 62, tous les soirs ou presque. Felix supplie, et le contact des mains de l'autre me manque. J'ai mes raisons. Non, je ne me cherche pas de raisons. J'ai dix-huit ans.

Mon père ouvre brusquement la porte, Felix ne s'y attend pas, bafouille, mon père hurle qu'il faut se taire, pousse le garçon en arrière, personne ne croirait qu'il est capable d'une telle violence, Felix n'ose pas contrer cet homme de presque trois fois son âge, il pleure, *Laisse-moi la voir*, l'autre retient ses larmes, *Ça ne sert à rien*. Et puis il l'attrape par la nuque, amène la tête de Felix contre lui. Je ne m'attendais pas à ce geste, je crois ne l'avoir jamais vu entre deux adultes, il tient Felix serré contre sa clavicule, comme on cale un nouveau-né sous son souffle, il le berce doucement. Lui aussi commence à pleurer. Je regarde par la porte entrebaillée de ma chambre ces deux hommes de plus de trente ans d'écart enlacés, se balançant l'un contre l'autre, la ceinture du peignoir de mon père pendulant entre leurs cuisses. Leur tristesse m'effraie. Il fait si froid dans ma chambre, je suis déjà partie. Mon père murmure à l'oreille de Felix des phrases que je ne perçois pas, les épaules du garçon s'abaissent de mot en mot, il hoquette, comme étouffé par la boule de sa douleur, il plie la nuque, pose le menton dans le creux du cou de mon père, les deux hommes sont ainsi de la même taille, réduits au même drame : l'un a perdu son premier amour, l'autre son amour-propre, il y a longtemps, il ne sait plus où exactement, peut-être dans une rue new-yorkaise, un vernissage, ou une réunion familiale. Ou peut-être seul, face à sa toile. L'un se croit prêt à mourir pour moi, l'autre à crever dans l'indifférence, mais les deux ignorent ce qu'est la véritable pensée de la mort, ils sont trop vivants pour cela, ils se tiennent là, le vieux et le jeune, le si puissant garçon et le si faible artiste, non pas faible, mon père ne sera jamais faible, il est notre Robinson, a inventé cette île de Rivoli qui nous a sauvés du vide, mais il se révèle ce lundi matin usé par le combat, les confessions, les discours, les silences, la confiance que tant de gens ont placée autrefois en lui, les espérances aussi. Ce jour-là, la vérité dégage une odeur de morue crevée. *Elle ne veut plus te voir, je suis désolé, tu t'en remettras*, promet mon père à Felix, puis, passant ses lèvres sur son front, il lui chuchote, *Il faut maintenant que tu t'en ailles, il faut que tu nous laisses.*

Peut-être est-ce à lui-même qu'il s'adresse. Il est si fatigué, Arnaud, d'être le père de nous tous.

Felix parti, il rejoint sa chambre, longe la mienne, sans un regard pour moi.

J'ai quitté la maison la semaine suivante. Je n'ai prévenu personne, j'ai pris mes affaires et me suis installée sur les hauteurs de Belleville, chez cet homme qui ne m'avait pas invitée, et qui m'a très vite fait accepter que d'autres passent, des filles rencontrées comme moi, par un merveilleux hasard. J'ai cru qu'il me suffirait de patienter, puis un soir de Nouvel An où j'avais attendu seule toute la nuit, je suis repartie. Retournée à la maison. Rivoli était abandonnée, les voyages de ma mère devenaient résidences, mon père préparait son envol pour New York. Seul Jean-Luc avait tenté de l'empêcher de quitter Paris. Je n'ai jamais su ce que les deux amis s'étaient dit, seulement que mon père lui avait repris ses lettres de jeunesse et avait rompu tout lien avec lui. Le passé s'était effondré. Mon père se croyait libre. Une dernière fois.

Paris, 10 mars 2002

— C'est Mrs Samson. Vous êtes toujours en ville ?

— Non, je suis rentrée à Paris.

— C'est ennuyeux. Pourquoi êtes-vous partie sans m'appeler ?

— Je ne pensais pas que vous vouliez me parler encore. Est-ce que vous allez mieux ?

— Vous parler ? Oui, j'aurais aimé vous parler. On n'est pas des chiens quand même. Vous savez, depuis la mort de votre père, j'ai décidé de revenir aux chevaux. Je vais vendre la maison et m'acheter quelques poneys pour ouvrir un club. Des shetlands, une race difficile mais d'une intelligence rare, qui gagne à être apprivoisée. Un peu comme votre père… Enfin, oui, ça va mieux, comme vous l'entendez, je suis au firmament.

Et Mrs Samson rit au téléphone.

— Il faut que vous veniez reprendre ses affaires, avant que je ne vende la maison.

— Quelles affaires ?

— Le matériel de peinture, les blocs, les vêtements, les livres. Enfin, tout son barda. C'est sûr que ça ne vaut rien, mais enfin, ça a une valeur sentimentale, pour vous, je suppose.

— Pardon, Mrs Samson, mais je n'ai pas beaucoup de sentiments envers des objets qui ont assisté à ce qui a eu lieu dans votre maison.

— C'est idiot. Vous croyez les objets pourvus de mémoire ? Je déteste la superstition. Les dernières affaires de votre père sont là, elles vous attendent. Ça ne vous intéresserait pas par hasard de travailler un peu dans un club de poneys ? Je cherche du personnel jeune, et je sens qu'avec vous, ça pourrait marcher.

— Je suis photographe, Mrs Samson.

— Vous savez, dans ce pays, on n'est jamais qu'une seule chose à la fois. Principe du ressort. Plus on travaille, plus le ressort gagne en vigueur. J'ai eu beau le dire à votre père plusieurs fois, mais je crois qu'en lui, le ressort était coupé. Enfin, je ne sais pas, mademoiselle, pourquoi je vous rappelle. Pourquoi j'ai envie de prendre un verre avec vous, et de vous poser plein de questions que vous trouveriez sans intérêt. Rien n'est éclairci de ce qui est arrivé ici, de la manière dont il est mort, non, et j'ai beau chercher, je ne trouve pas de fil blanc, ou rouge, qui mènerait au coup de feu. L'autre jour, mon fils m'a dit que je devais cesser de croire aux causes et aux conséquences. Il a raison. Votre père disait un soir : « La matière de nos désirs comme de nos souffrances se forge dans la vie secrète, la *vita nova*, le flux indistinct des jours, des heures, des palpitations du corps et de l'esprit. » Et ce flux-là, il avait l'impression de n'avoir jamais réussi à le représenter. C'était l'un de ses échecs. Le principal, pensait-il. Vous savez, mademoiselle, j'ai adoré votre père, j'ai dormi avec lui chaque nuit pendant une année, je l'ai vu nu si souvent, et son odeur et les marques sur sa peau, j'ai appris ses goûts et ses dégoûts, ce qu'il murmure dans son sommeil, son film préféré, ce qui le fait rire, son impatience lorsque rien n'arrive, je sais ses faiblesses physiques, ses tensions, ses puissances insoupçonnées, je sais ses habiletés et ses maladresses, mais de la *vita nova*, de la matière qui forme son esprit, ses émotions et ses choix, cette autre existence continue qui l'habitait, je ne sais presque rien. Alors, les affaires, vous viendrez les prendre quand ?

— Je n'ai rien à faire à New York, Mrs Samson. Vous pouvez les jeter.

Paris, 10 mars 2002

J'ai vingt-quatre ans. Lui, trente-cinq de plus. Presque un vieil homme, presque une vieille fille. Couple mal assorti qui sort de l'Orangerie : derrière nous, une longue affiche bariolée, *De Kooning, peintre de l'adversité*.

Il est arrivé la veille de JFK, dort à l'hôtel, ne reste que deux nuits, ne peut pas plus, est *trop occupé*. Il prétend toujours vivre à New York, dit louer un appartement dans le sud de Manhattan, et je le crois. Il porte les cheveux blancs aux épaules, et un pull à col cheminée orange et mauve à grosses mailles sous un blouson fin. Un homme avec une coupe de vieille dame et un pull de skieur. Il parle encore et toujours de De Kooning, il a vu l'expo, il est ébloui. Il me réexplique *l'épouvante que provoque cette peinture qui jamais ne se lasse d'elle-même, et qui au contraire semble puiser son énergie dans la peur qui la nourrit.* J'écoute peu, je connais par cœur sa théorie sur De Kooning, et ne la comprends toujours pas. Il a grossi. C'est la bouffe américaine, je pense. J'imagine mon père dîner tous les soirs dans un restau de Manhattan, un Italien ou un bar en sous-sol, entouré d'une cohorte d'artistes et de critiques. Je ne suppose pas les croque-monsieur salade de Mrs Samson. Ni le whisky. Je pense que le whisky fut une parenthèse, le carburant de nos années difficiles, la fin de Rivoli, la fin de mon adolescence. Mais depuis, il est parti à New York, il est devenu un peintre accompli qui boit de l'eau et vit sur l'île de ses rêves. Je crois aux ruptures, aux secondes chances, aux reprises en main. Ou plutôt je m'assure que je crois à ça. Je ne le questionne pas. Je ne suis pas la gardienne de mon père.

Il propose de marcher un peu dans les Tuileries. Nous sommes presque seuls, le vent glacé nous balance d'un côté à l'autre des rangées de marronniers. Il achète deux crêpes au Nutella pour nous réchauffer. Je ne remarque pas qu'il évite les restaurants. Nous nous asseyons sur un banc, le chocolat dégouline de ses lèvres et goutte sur son blouson.

Je lui demande où il en est de sa nouvelle série de peintures. Il souffle, glisse la main sur son visage, du même geste que celui du « jeu de la grimace » qu'il me destinait, petite, lorsque sous l'effet de ses doigts mon clown passait en quelques secondes du sourire aux larmes, de la joie à la colère, de la peur à la sérénité. *Oh, tu sais, ça avance doucement. Et toi, ma loulette, tu veux vraiment rester photographe ?*

Aujourd'hui, je ne comprends pas pourquoi je ne lui ai pas parlé de mon travail. Enfin, de mon autre travail. De ces photos que je réalise dès que j'ai un peu de temps libre, centaines de portraits et d'autoportraits que je garde dans un carton, glissé sous mon lit, sans savoir si un jour j'aurai l'audace de les montrer à un galeriste. Dans ce jardin, nous sommes deux abrutis aux lèvres bleues et au nez rougi sous le vent d'hiver, et je ne me lance pas. Sans doute n'ai-je pas le courage de lui montrer les morceaux de corps, de visages, des autres ou de moi-même qui composent mes premières œuvres. *Oui*, je lui réponds, *j'aime beaucoup ce que je fais pour la presse*. Il n'insiste pas. Nous parlons des Tuileries qui changent, de la fête foraine qui bientôt s'y installera, et de la neige qui ne se présente plus l'hiver. Nous remarchons, et il me dit, *Tu connais le jardin à cactus ?* Il m'attrape par la main, me mène le long du mur des terrasses nord-ouest, sur un chemin sableux où l'on entend le flux des voies sur berges : à l'extrémité du mur, enclos derrière une barrière bleue, dix mètres carrés, peut-être moins, accueillent des cactées de toutes formes et espèces. Il me regarde, ravi. *Tu trouves pas qu'ils sont superbes ?* Ce n'est pas vraiment le mot, les cactus sont difformes dans le vent de janvier, mais j'acquiesce, *Tu vois, j'adore l'idée qu'un jardinier ait proposé ces plantes bizarroïdes dans ce jardin, et qu'il ait été suivi, ça me rassure sur cette ville, sur sa possibilité de fantaisie*. Un bref instant, je crois voir l'enfant qu'il a pu être, le petit joufflu à l'affût de rires et de jeux, même dans les lieux les plus rétifs. Le silence s'installe entre nous, il annonce qu'il va reprendre le métro, il est temps. Pour faire quoi ? Pour rejoindre qui ? Je n'en sais rien, et ne pose aucune question.

Paris, 12 mars 2002

Je pars en voyage un peu, loulette, mais ne t'inquiète pas, je vais dans un endroit très beau.

Moins de dix secondes. Un message vocal à 22 h 26, heure locale, 4 h 26 heure française, le 6 janvier 2002.

Je l'ai écouté le matin du 7. En descendant l'escalier de mon immeuble, suivant Sunny qui glissait d'une marche à l'autre, torture du parquet ciré pour ma petite chienne essayant en vain de s'agripper à la surface lisse, je la retenais, craignant qu'elle dévale les quatre étages le museau en premier, elle balançait de marche en marche, ses yeux noisette exprimant un sens de la fatalité mêlé à un reproche fondamental, pour éviter son regard, je me concentrais sur la voix assurée et calme de mon père, *ne t'inquiète pas, je vais dans un endroit très beau*. Arrivée dans le hall, j'ai appuyé sur la touche 3 pour effacer le message. La journée s'annonçait longue : la promenade de Sunny dans le froid du matin, trois shootings, une soirée entre amis. Mon père n'y tenait aucun rôle. J'ai simplement pensé, *Tiens, il part en voyage. Tant mieux pour lui*. Ni plus ni moins. Je ne me suis pas demandé pourquoi il avait appelé si tard. J'ai mis ça sur le compte de la négligence. De l'urgence de m'annoncer le voyage qu'il entamait. De l'enthousiasme peut-être. Rien ne m'oblige à confier l'existence de ce message au policier. Ni à quiconque. Je peux appuyer sur la touche 3 de mon cerveau. Ce message n'aura jamais existé. Et si je l'écris ici dans ce journal, alors qu'il est cinq heures et que le jour n'est pas près de se lever, je n'en dirai pas un mot de plus.

Paris, 14 mars 2002

À l'aube, j'ai appelé Martin. Le mercredi il n'est que Martin, le taxi est au garage, il peut se consacrer à « ce qui me donne un peu de plaisir ». C'est-à-dire, aujourd'hui, moi. Nous sommes sur la même ligne de métro. Il est venu une heure plus tard. Je l'ai mené sur le lit, j'ai embrassé sa nuque, mordu son oreille, puis l'ai allongé comme une poupée face à moi. Nous avons fait l'amour, non, je lui ai fait l'amour, il restait tranquille, les mains posées le long du corps, je l'ai déshabillé, il s'est laissé faire, son sexe me reconnaissait, je l'ai chevauché, il geignait doucement, très doucement, comme Robert Smith halète au début de *Close to me*, un souffle de bête blessée, j'ai continué, il n'était plus là, face à moi, d'autres l'étaient, d'autres corps, d'autres histoires, puis non, je ne pensais plus aux hommes, mais à la mariée de Giotto, à cette femme silencieuse et grave à qui j'offrais un moment de jouissance, car oui, j'ai joui. J'ai ensuite pris mon appareil et photographié l'homme nu, endormi.

Puis il s'est réveillé, et nous sommes allés chez lui, de l'autre côté de la ville, au fond de la rive gauche, nous avons fait l'amour dans son trois-pièces inondé de soleil, passant de la table au lit, du lit à la table, puis mangeant des crackers et buvant du vin blanc, puis dansant sur de la musique, pas Cure, non, trop triste, mais le Wu-Tang Clan ou un autre plus sexy, puis nous avons encore dormi, enlacés.

À l'aube, je suis rentrée à pied.

J'ai traversé le pont Royal, j'ai vu une femme se pencher sur la rambarde en pleurant, reculer, reprendre son souffle, et tourner le dos au fleuve. La lumière du matin se propageait et révélait une à une les couleurs et les visages, j'ai sorti mon appareil. Autoportrait en plein jour.

Demain, je repars à New York.

REMERCIEMENTS

Je tiens à remercier ici mon éditeur, Charles Dantzig, qui m'a accompagnée au cours de l'écriture par son regard clairvoyant et amical.

Je remercie aussi Olivier Nora pour le soutien qu'il a apporté à ce livre.

Merci à Vincent, pour sa lecture, et sa présence.

Et merci à Aurélien et Milena, mes joyeux compagnons de vie.

DANS LA MÊME COLLECTION

Pierre André, *Elle s'appelait Lucia*, roman
Jérôme Bastianelli, *La Vraie Vie de Vinteuil*, roman
Xavier Bourgine, *Les Ultimes*, roman
Nicolas Cano, *La Séquestration*, roman
Philippe Costamagna, *Histoires d'œil*, essai – *Les goûts de Napoléon*, essai
Geneviève Damas, *Strange*, roman
Pierre Ducrozet, *Eroica*, roman
Natasha A. Fraser, *Harold !*
Alexandra Fritz, *Branques*, roman – *Les Évadés*, roman
Corinne Hoex, *Les Reines du bal*, roman
Oriane Jeancourt Galignani, *Hamadar*, roman – *La Femme-écrevisse*, roman – *Quand l'arbre tombe*, roman
Géraldine Kosiak, *Chez nous*, récit
Vincent Jaury, *La Petite Bande*, roman
Joy Majdalani, *Le Goût des garçons*, roman – *Jessica seule dans une chambre*, roman
Clémentine Mélois, *Sinon j'oublie*, roman – *Dehors, la tempête*, essai
Sébastien Ministru, *Apprendre à lire*, roman – *La Garde-Robe*, roman
Laurent Nunez, *Si je m'écorchais vif*, essai – *L'Énigme des premières phrases*, essai
Loïc Prigent, "*J'adore la mode mais c'est tout ce que je déteste*", pépiements – "*Passe-moi le champagne, j'ai un chat dans la gorge*", pépiements – *Mille milliards de rubans*, essai
Joëlle Varenne, *Boulette*, roman

Cet ouvrage a été achevé d'imprimer sur Roto-Page
par l'Imprimerie Floch à Mayenne en février 2025
pour le compte des éditions Grasset
61, rue des Saints-Pères, 75006 Paris
info@grasset.fr

Mise en page
PCA 44400 Rezé

PAPIER CERTIFIÉ

Grasset s'engage pour
l'environnement en réduisant
l'empreinte carbone de ses livres.
Celle de cet exemplaire est de :
300 g éq. CO_2
Rendez-vous sur
www.grasset-durable.fr

N° d'édition : 23516 – N° d'impression : 106117
Dépôt légal : mars 2025
Imprimé en France